文春文庫

いとしいたべもの

森下典子

文藝春秋

いとしいたべもの

目次

はじめに

ラーメンをすすろうとして、思わず湯気にむせた。

その瞬間、不意に田島さんを思い出した……。

田島さんは、私が小さかった頃、二階の三畳間に下宿していた大学生である。北海道出身の色白の大男で、おっとりとした優しい人だった。いつも縦縞の丹前を着て、首に手ぬぐいを引っかけていた。よく友達を二、三人連れてきて部屋に泊めていたが、田島さん一人でいっぱいの三畳に、男数人がどう折り重なって寝たものか、わからない。

その頃、母はよく家でラーメンを作った。豚の挽肉を醤油で煮て数日寝かせたスープをのばし、乾麺を茹で、ほうれん草、シナチク、鳴門、ネギを載せたシンプルな醤油ラーメンである。澄んだスープの中に、豚肉の甘みとうまみが出ていた。田島さんはそのラーメンに目がなかった。

「田島さ〜ん、ラーメン食べる？」

と、母が声をかけると、丹前姿で必ずニコニコ降りてきた。彼にはラーメンを食べる作法があった。麺をきれいに引き上げた箸を、高く低く何度も上下させてから勢いよくすする。そして、納得したように何度も頷く。

田島さんは三年うちにいて、実家の旅館を継ぐため北海道に帰って行った。結婚し、子供が生まれたと年賀状をもらったきり、便りはなくなった。

その後も、三畳間には、何人かの下宿人が出入りした。何年か経ち、田島さんの友達から、彼の実家が倒産し、離婚したらしいという噂を耳にした。「夜逃げ」という言葉が聞こえた。

あれは、私が高校生の頃。ある日、玄関に背広姿の大男が立っていた。

「驚いたなぁ。大きくなって……」

田島さんだった。仕事でこっちへ来たので寄ってみたとのことだった。その晩、父は早めに帰って彼に酒を勧め、母はあの醤油ラーメンを作った。

「田島さん、のびないうちに食べて」

彼は箸でしきりに麺を上げ下げし、ズズーッとすすって激しく咳き込んだ。湯気にむせたのだろうと彼を見て、私はぎくりとした。両頰が濡れている。だらだら流れる涙を拭こうともせず、大の男が手放しで泣いていた。見てはいけないものを見たと思った。父と母は笑顔で、気づいていないふりをし、私も慌てて箸を大袈裟に上げ下げし、ズーッとラーメンをすすった。

今でも、ラーメンをすすろうとすると、不意に、温かな湯気の中で、初めて大人の男の涙を見た日の思いが蘇り、麵にかすかな味をつけることがある。

たべものの味にはいつも、思い出という薬味がついている……。

いとしい
たべもの

オムライス世代

昭和三十年から四十年代に子供時代を過ごした人にとって、オムライスは特別なたべものではないだろうか。

私もその世代の一人である。

「今日のお昼、オムライスだよ」

と、母が言うと、

「やったぁー!」

と、小躍りしたものだ。

オムライスは、ごはんの王様だった。ビフテキやすきやきは、特別な日にしか食べられない「えらい王様」。オムライスは「ふだんの王様」。私はこの「ふだんの王様」が大好きだった。

具は、玉ねぎと人参のみじん切り。それにハムか鶏肉、あるいはソーセージ

さかさに立てておくと、底まできれいに使えるのよね。

を細かく切ったものが入っていた。母はそれらをフライパンで、

ジャーッ！

と、炒《いた》め、その中に四角いご飯の塊《かたまり》を

ゴトンッ！

と、放り込んだ。ご飯は、弁当箱やタッパーウェアに詰められたまま、冷蔵庫の中で冷え固まったものので、前の晩のも三日前のも一緒くたに入れた。「電子レンジ」がなかったのだ……。あの頃は日本全国どこの家庭でも、冷やご飯は、蒸し器で温め直すか、炒めご飯にするしかなかった。オムライスは、冷やご飯の再利用法だったのである。

母は、四角い冷やご飯の塊を、木のしゃもじでガツン、ガツン、と突き崩した。これにけっこう手間がかかる。塊が少しずつほぐれ、ご飯粒がパラパラとして、全体に炒まったら、塩、コショウで味付けし、〈カゴメトマトケチャップ〉を入れる。

ケチャップの容器も最初はガラス瓶で、底に残ったケチャップがきれいに取りきれなかった。瓶を勢いよくエイッと振るとレンジ周りに、赤い飛沫が、

！！！

と、飛び散った。

が、ある時ビニールのチューブが登場して、トマトケチャップは、にょろにょろと絞り出すものになった。

白いご飯に、真っ赤などろどろがかかるのを見ると、私はおどろおどろしさにいつもギョッとした。けれど、これがご飯の一粒一粒にからんでいくと、きれいな橙《だいだい》色に染まり、スパイシーで甘酸っぱい香りがあたりに広がって、家じゅうがパーッと華やぐような気がした。

そういえばあの頃、うちの台所にアルミ製のライス型があった。アイロンのような取っ手がついていて、ライスを入れる部分はラグビーボールみたいな形をしていた。時たま、ケチャップライスの日もあって、母がこのライス型でデパートの食堂みたいに皿に盛り付け、グリーンピースを散らしてくれた。

だけど私はケチャップライスより、オムライスの方が好きだった。

母は、ケチャップライスをしゃもじで一粒残さずお皿に移し、フライパンをきれいに洗った。

卵を二つお椀に割って、菜箸で、
カッカッカッカッ！

と、手早くほぐし、バターを入れて熱したフライパンに、
チャーッ！

フライパンを手首でぐるりぐるりと回しながら、溶き卵を薄く丸く広げる。

卵とバターの匂いが立ち込め、卵の黄色がフライパンの中でところどころ、ぷくぷくと膨れながら、騒がしい音を立てているのを見ると、私は嬉しくてじっとしておれず、そわそわした。

緑の薄いところは、すぐに焼けて白くなるが、真ん中あたりは、まだ半熟のズルズルである。母はそこで火を止めた。

丸い薄焼き卵の真ん中に、さっきのケチャップライスをこんもりと楕円《だえん》状に盛り、菜箸で薄焼き卵の両端を折ってライスを包む。

このなだれ具合いが、オムライスの決め手です。

「さあ、見ててごらん」

いよいよクライマックスである。

フライパンの取っ手を逆手に持ち替え、斜めに傾けながら、薄焼き卵でくるんだライスを滑らせて、フライパンの縁のカーブのところまで移動させると、一気にぐるんと半回転、寝返りを打たせ、皿に乗せ替えた。

私はその早ワザにじっと見入った。

「はいっ！」

ケチャップライスが、オムライスに変身した……。

多少、乱れたり、寝相が悪くなったりしたところは皿の上で整え、ラグビーボールのように両端がすぼまった楕円形に直す。

「できたよ〜。好きなようにケチャップかけなさい」

私は、仕上げのケチャップをいつも自分でかけたがった。いそいそとチューブを抱え、むっちりとした明るい黄色のオムライスの上に、にょろにょろと絞り出す。

真っ赤なケチャップはこんもりと盛り上がりながらゆっくりと広がり、オムライスの丘からあふれて崖《がけ》に沿って下り、皿の上に、とろんとしたたまりを作って止まった……。子供の私がかけても、ケチャップの流れ具合はいつも不思議とさまになり、レストランのサンプルのようにかっこよくキマった。

明るい黄色と、ケチャップの赤。トマトとスパイスの刺激的な香りと、焼きたての卵の風味が、私を急《せ》きたてた。

むちむちしたオムライスにケチャップをのばしながら、スプーンを入れる。ブチッと、薄焼き卵が破れる手ごたえと同時に、中からきれいな橙色のケチャップライスが現れる。

ものも言わず、次から次へとスプーンを口に運んだ。薄焼き卵とケチャップの味は、どうしてこんなに相性がいいのだろう。トマトケチャップと卵と、冷やご飯さえあれば、他には何もいらないと思った。

今でも私はちょくちょくオムライスを食べる。最近は「デミグラスソース」や「ホワイトクリームソース」をかけるお店が多いが、そうなると、もう私のオムライスではない。

五年前、取材で鳥取県の日本海に面した小さな温泉町に行った。端から端まで歩いても、通りはたった五百メートル。そこに食堂が一軒あって、すすけたウィンドウの中でラーメン、スパゲティーナポリタン、オムライスなどの蠟《ろう》サンプルが、うっすらと埃《ほこり》をかぶっていた。

店にいるのは、おばあさん一人。
「オムライス、ください」
おばあさんは奥に消えた。暖簾《のれん》の奥から、チャーッ！と、懐かしい音がした。
やがて出てきたオムライスは、きれいなラグビーボール形をしていた。
おばあさんは、〈カゴメトマトケチャップ〉のチューブを一緒に出してくれた。
正統派である。

くさやとバンデラス

意外なことに、

「私、アントニオ・バンデラスは苦手」

という女性は少なくない。

アントニオ・バンデラスは、

「世界で最もセクシーな男」

という称号を恣《ほしいまま》にしたスターである。

黒絹のようなまつげにびっしりと縁取られたアーモンド形の瞳は、甘さと哀愁をたたえ、一瞬にして女心

をかっさらう。しかし、なんといっても彼の真骨頂は、ラテン系特有のねっとりとした上目遣いである。復讐に燃えるさすらいのマリアッチやゾロがはまり役で、その瞳に憎しみや欲望の炎が燃えさかると、もうスクリーンは、これでもかこれでもかと彼のフェロモンでむせかえる。

知り合いの六十代の女社長は、

「もお、あなた、めまいがしそうな色男」

と、溶け落ちそうな顔になる。

私も、アントニオ・バンデラスの映画を見ると、あのねっとりした視線にやられて、体温がちょっと上がる。

好きな人にはたまらない。

が、万人向けではない。

濃すぎるのである……。

くさやの干物も、それだと思う。

くさやは、青ムロアジやトビウオの開きをくさや汁という発酵した液体に漬け込んでから乾燥させたもので、昔から、伊豆大島、八丈島など伊豆諸島に伝わる伝統の干物だ。

その匂いは、ある者には、たまらなく食欲を刺激し、病みつきになるが、そうでない場合は、眉をひそめる者、鼻をつまんで逃げ出す者で、あたりは騒然となる。

焼きたてのくさやの香りを「肥溜めを火であぶったようだ」などと評する人さえいる。

乗りものや公共施設では持ち込み禁止の所があるというし、居酒屋でも、「他のお客様のご迷惑になりますので」と、なかなか焼いてもらえない。

私がその味を知ったのは、子供の頃だった。独特の香りをかんばしいと思いこそすれ、臭いなどとは思いもよらなかった。ある日、たまたま焼いている最中に来た家庭教師の先生が、「なに、この匂い」と、顔をしかめ、耐えられない様子で逃げ出したのを見て、初めてくさやに対する世間の反応に驚いた。

「若い女の子がこんな臭いもの食べると嫌われるよ」

と、忠告してくれる人もいたが、もう好きになってしまった相手を、世間の評判が悪いからと、世間体を気にして嫌ったりはできない。それどころか、みんなが「臭い」と嫌がる、その臭さがいいのであった。

そんなくさやを、共に堪能し合えたのは、母と弟（父は臭がりながら、煙の中で耐えていた）。そして家族以外では、小学校時代からの友達いつ子ちゃん

だけであった。いつ子ちゃんは伊豆に親戚がいて、何度か、

「これが好きなお友達は、他にいないから」

と、こっそりくさやを持ってきてくれた。それは、外に匂いが漏れないようビニールで厳重に密封され、まるで成田空港で摘発された麻薬みたいだった。金色のラベルの貼られた極上品であった。

日本人はいつからこんなに、匂いに神経質になったのだろう。カーテンについた生活臭まで気にして消臭剤を吹きかける世の中にあって、くさやは、まるでご禁制品である。くさやを愛するものは、愛煙家よりも肩身が狭い。

私が長期の海外旅行に出かける前など、母はくさやを買ってくる。

「これは外国にはないでしょ。心残りがないように、思いっきり食べて行きなさい」

窓を閉め、鍵もかけて焼く。なんだか、御尋《おたず》ね者をかくまっているみたいだ。けれど、部屋の中に煙が充満するので、結局は、換気扇を回すことになる。煙が吸い出され、焼きたての一番強烈な匂いが外に広がっていく。

「ご近所に悪いね」

母はすまなそうな顔をしながら、菜箸でくさやをひょいと裏返す。

「ほらほら、焼けたよ」

魚焼きグリルから出したくさやは、褐色でえびぞっている。見かけは、痩《や》せた貧相なアジの干物である。こちんと硬くて、箸も刺さらない。

手づかみで、身をほぐす。

「アチチチ……」

焼きたてだから指が熱い。頭を取り、背骨沿いに左右に身を分け、細かく分解する。身は、魚の筋肉に沿って、斜めにホロホロと割れる。割れた身の断面が、雲母の一片のようにツヤツヤ光り、指先がねっとりした褐色の脂にまみれてぎとつく。

これがくさや汁である。何百年も塩水に無数のひらきを漬け、発酵を繰り返したもので、伊豆大島、八丈島などの産地では、甕《かめ》に入れ、家宝として代々受け継がれているという。石鹸《せっけん》で一、二回洗ったぐらいでは、このぎとつきは、なかなか落ちない。

焼きたてのくさやの身をほぐすだけで、もう部屋の空気がむんむんする。しょっぱいような人懐っこいような、下卑たような、高貴なような、複雑にからみ合った匂いだ……。

母が、ひょいと一切れつまんで口に入れる。

私は手をとめ、その表情をしばし見守ることになる。

解体した後の手は、二、三日、匂いがとれません。覚悟を…。

「……」

草をはむ牛のように、ものも言わずに顎《あご》を動かしていた母が、急に眉毛を「ハ」の字に落っことす。

ここから先は、声にならない。私が

(どう⁉)

と、片眉を上げると、母は、

(いいから早く、食べてごらんよ！)

と、ほぐれたくさやを何度も指さす。

私も一切れ口に入れ、牛のように黙々と顎を動かす。何度も何度も頷《うなず》きながら無言で噛んで、くさやの硬い身としみじみ対話する。

あぁ！　なんて彫りの深い味がするのだろう。潮臭くって野卑である。

ヤクザ男の危険なセックスアピール……。

タンゴダンサーの気障《きざ》ったらしい情熱……。

大衆演劇の女形の流し目……。

泥臭さの中に潜む、こてこての魅惑の味が、干物の繊維一本一本の狭間から、じわりじわりと滲《にじ》み出てくるのだ。

こういう、ぷんぷん匂う濃密なものを排除するほどご清潔になっちまった社会は、セックスから衰退するのではないか……、などと考えながら、私は黙々とくさやを噛む。顎が疲れるほど、何度も噛む。噛み疲れて、ふーっと一息ついた拍子に、自分の口の中から、バイオリンがすすり泣く精妙な音色のように強烈なかぐわしさが一筋、ヒューッと上がってきて、思わず恍惚となる。

「……うふん」

声とも吐息ともつかない音が鼻から漏れて、眉が「ハ」の字に落っこちる。もうたまらない。ぎとつく手で、ほぐした身を黙々と口に入れ、とり憑《つ》かれたようにただ顎を動かし、ひたすら味にふける。

くさやのエキスにまみれた指を、わざわざ自分の鼻先に持ってきて、むせかえる匂いをくんくん嗅いでみる。

「うわっ！」

味も匂いもフェロモンも、極まれば、いいも嫌もわからなくなる……。私は、このぎりぎりにせめぎ合うくさやの魔界に我を忘れる。

わが人生のサッポロ一番みそラーメン

〈サッポロ一番みそラーメン〉を初めて食べた日のことは、あの頃のわが家の、黄色く日焼けした唐紙の縞模様や、ラーメンどんぶりの縁《ふち》の朱色の雷文と一緒に覚えている。

具は、ほうれん草と人参と絹さや。それに長ねぎが載っていた。

私は小学校六年生で、父はまだ会社から帰っていなかった。母と弟と三人で、九重佑三子《ここのえゆみこ》主演の人気ドラマ『コメットさん』を見ながら、ふうふうとどんぶりの湯気を吹いた……。

当時、インスタントラーメンの新商品が次々に登場し、テレビで盛んにコマーシャルが流れていた。期待して食べてみると、どれも決まって脂っぽい匂いが鼻についた。

そういうことが何度かあって、子供心にも、インスタントラーメンは、ラーメン屋さんのラーメンとは別物なんだと思っていた。

　ところが、その日のインスタントラーメンは、なんだか今までのとは違っていた。

　鼻につく匂いがない……。

　ちゃんと味噌の香りがする……。

　箸でつまみあげた麺は細く、ほどよく縮れ、そこにスープがからんでいた。

　白い瀬戸物のレンゲで茶色いスープをすくい、一口すすって思わず、

「あれぇー？」

　と、声が出た。味噌のコクがあるのに、さっぱりとしている。味に奥行きがある。麺が煮えた後で火を止め、サラサラした粉末状の味噌を溶

昔も今も、これからも…。

かし入れていたが、きっとその粉末の中に秘密があるのだろう。仕上げに振りかけた、赤い小袋の七味スパイスがまた、味噌と合っている……。

「これ、ラーメン屋さんのラーメンより、おいしいよぉ！」

母が、台所から、破れたオレンジ色の袋を持ってきた。

「〈サッポロ一番みそラーメン〉だって……」

私は、インスタントラーメンが新たな時代に入ったことを感じながら、どんぶりの底のスープをきれいに飲み干し、額の汗を拭いた。

〈サッポロ一番みそラーメン〉は、わが家のハウス・ラーメンとなった。

土曜日の夜は、父もいた。よく一緒に、大橋巨泉が司会をする『お笑い頭の体操』というクイズ番組を見た。ロート製薬の提供で、番組冒頭に、

「ろ～おと、ろおと、ろ～おと、ろ～おと、ろおと、ろ～おと、ろ、お、と、せーいやーくー♪」

（「ロート製薬テーマソング」詞・曲／津野陽二）

というコーラスと、ロート製薬の建物をバックに、鳩が一斉にパーッと飛び立つ映像が流れる。それを見ながら、家族そろって〈サッポロ一番みそラーメン〉をすすった。

レギュラー解答者の中に、落語家の月《つき》の家円鏡《やえんきょう》（現在の、橘家圓蔵《たちばなやえんぞう》さん）がいて、

「早いのが取り柄、月の家円鏡」

がキャッチ・フレーズだった。父は円鏡さんがいち早くボケるたび、

「円鏡のボケはさすがだなー」

と、笑った。『お笑い頭の体操』が終わると、『8時だョ!全員集合』が始まり、週末の夜はピークを迎える……。

父といえば、私が中学二年の時、父の取引先から、立派な碁盤をもらったことがある。うちでは、誰も囲碁や将棋をしないし、ルールも知らない。父は、碁盤を前に、

「五目並べをしよう!」

と、言った。私が勝負の相手になり、何度も続けて父を負かした。父は、

「よし! もう一勝負だ。かかって来い!」

と、むきになり、

「かあさん、みそラーメン作ってよ!」

と、台所の母に声をかけた。

母は、中華なべで、大量のモヤシ、ニラ、玉ねぎなどをジャーッと炒め、〈サッポロ一番みそラーメン〉に載せた。そして最後に、アヂハタの缶詰の粒コーンをたっぷり載せる。これが当時のわが家のブームだった。コーンが載る

と味噌ラーメンは、たちまち本場のサッポロラーメンらしくなった。

　父と私は、休戦すると、一緒にふうふうと熱いみそラーメンをすすり、食べ終わると、

「よおし、典子、今度は容赦しないぞ。ひと捻《ひね》りにしてやる！」

「おう！　やれるもんなら、やってみろ」

　などとけしかけ合い、夜中まで、五目並べで激突した。

　高校二年、三年と、受験勉強に忙しくなると、母は夜食にラーメンを作ってくれた。

「スタミナがつくから」と、にんにくを摺《す》りおろし、スープにたんまりと入れてくれる。にんにくと

ラーメンにはやっぱり、雷文どんぶりが似合います。

味噌ラーメンは、まさに「宿命の出会い」であった。一度食べたら、もう、にんにくなしの味噌ラーメンは考えられないほど、味と香りがよくなった。

だけど、翌日、強烈な匂いが残る……。

「にんにくは少なめにして」

と、母に頼んだが、夜食の時間が近づいてくると台所から、

ガリガリガリ……

と、張りきって、おろし金を使う音が聞こえてくる。結局、にんにくの量はあまり減らなかった。

大学に入って最初の春休み、初めての失恋をした。その日は何も食べず、一日中ふとんの中でしゃくりあげた。夜中になって、突然、凶暴なほどの空腹を感じた。むくっと起きて足音をしのばせ、台所に下りた。家族はみんな寝静まった後だったので、土偶のように腫《は》れた目を見られずにすんだ。

冷蔵庫をさぐり、残り野菜の、芽の生えた玉ねぎと、キャベツを具にして、みそラーメンを作り、生卵を一つ、そっと割り入れた。熱いどんぶりを抱え、味噌の香りに全てをゆだねて、湯気をふうふう吹きながらすすった。キャベツの芯が甘く、半熟になった卵が破れ、とろーっと出てきた黄身が甘かった。いつもと変わらぬみそラーメンの優しさに、慰められた気がした。

大学を出て、週刊誌の記者の仕事を始めてからも、原稿書きで徹夜した朝や、書き直しを命じられて落ち込んだ夜、〈サッポロ一番みそラーメン〉を作って食べた。

豪華にホタテや豚の角煮を入れた日もあったし、まったく具のない素ラーメンだった日もあった。ある時、冷蔵庫の中に、レタス一個しかなくて、千切ったレタスを山盛りに入れたことがあった。ところが、これがシャキシャキして、意外においしかった。以後、時々、レタスのみそラーメンを食べている。

三十二歳になって、遅まきながら親元から独り立ちした日、まだカーテンもないがらんどうのマンションで最初に作ったのも〈サッポロ一番みそラーメン〉だった。できあがったラーメンをどんぶりに移そうと傾けた途端、片手鍋の取っ手がスポッと抜け、フローリングの床に鍋ごとぶちまけた。

「きゃーっ！」

自分の声が、真っ白い壁に響いて、しんと静まり返った。

（そうか。これからは、何でも自分でやっていかなくちゃいけないんだ。独立するって、そういうことなんだ……）

『コメットさん』を見ながら〈サッポロ一番みそラーメン〉を食べた日から四十五年……。今ではインスタントラーメンは、高級路線、ご当地ラーメン、有名店もの、〈チキンラーメン〉などの復刻もの、ノンフライの生麺風……と、多種多様化しているけれど、私にとって〈サッポロ一番みそラーメン〉は、他のどのラーメンとも違う。

（あの味は、私の人生の一部だから）

と、思っていた……。

ところが、そう思っているのは、私だけではなかったのだ。〈サッポロ一番みそラーメン〉は、日本で一番売れている、インスタントラーメン界のスタンダードだという。なんと、毎年、日本国民一人当たり三食ずつ食べている計算になるのだそうだ。

大衆が愛する味には、その味を通じて、無数の人々と合意し、共感し合えるという大きな安堵感がある。〈サッポロ一番みそラーメン〉の湯気をふうふう吹く時、なんだかホッと安心するのは、だからだろうか？

カステラに溺れて

小学校一年生の時だった。ある日、学校から帰ると、茶の間で母が見知らぬおばさんとお茶を飲んでいた。

「お客様から、上等なカステラをいただいたのよ」

台所のテーブルの上に、百科事典ほどもある分厚い桐の箱がうやうやしく置かれているのが、私の目の高さに見えた。

私はつま立てて蓋《ふた》をちょっと押し上げ、隙間から中を覗《のぞ》いた。

全面、茶色だった。

今は、四センチ幅一切れです。
おかわりは我慢。
底にザラメが残っています。

「……！」

箱全部が、丸ごと一個の大きなカステラだとわかったとき、私は興奮した。

「食べていいっ？」

「まったく躾《しつけ》がなってなくって」

母は恥ずかしそうに言い訳しながら、そそくさと台所に来て桐箱の蓋を開け、カステラの上の薄紙をペラーッと剝《は》がした。地面を覆った苔が剝がれたように、薄紙の裏に、カステラの茶色いお焦げが貼り付いていた。

「それ、ちょうだい！　それ、ちょうだい！」

私は手を伸ばした。とにかく茶色いものが大好きだった。チョコレート、ココア、焼いたお肉、ご飯のお焦げ……。茶色いものは、全部おいしいのだと思っていた。

ところが、薄紙の裏面を前歯でこそぐと、焦げ臭さとにが甘さが混じった複雑な味がした。

「ちょっと苦いんでしょ」

そう笑いながら、母は包丁の切っ先を深く刺し込み、ちょこちょこと小刻みに動かすと、箱の角から、煙草の箱より少し大きいくらいの、卵色の細長い直方体を切り出した。

「えーっ、そんなちょっと？」

「いいの。このくらいにしておきなさい」

母は、ケーキ皿に載せ、私に手渡した。

「大人の話があるんだから、二階へ行って食べなさい」

「はーい」

私は母たちの話に少し聞き耳をたててからとんとんと音を立てて二階へ上がり、一人でつくづくカステラを眺めた。なんてきれいなのだろう。きめ細かい穴がひしめき合う明るい卵色のスポンジ。上下からカステラを挟む茶色い層。私は、黄色と茶色の、この「ツートーンカラー」が好きだった。

フォークの峰でぎゅーっと押し切ると、カステラはアコーディオンのように激しくひしゃげてから、ふわふわーっと元の形に戻った。切り口のスポンジの穴が潰れ、断面がもろもろとそばだつ。その卵色の「もろもろ」が、たまらなく私をそそる。

頬張ると、ねっとりと湿りけを帯びた甘さと、卵の風味が鼻を抜け、くらくらした。口をもくもくと動かし、飲み込んだ。頭の中でパッと花が開いた。

空の皿を持って台所に下り、母に声をかけた。

「ねえ、もうちょっと食べていい？」

「お話ししてるんだから、自分でして」

茶の間の母は、ちょっと振り向いて、おしゃべりに戻った。

私は椅子を踏み台にして、自分で桐箱の蓋を開けた。箱の中は、全部カステラ。ねっとりした甘〜い香り……。私は、蜜壺に落っこちた蜂であった。包丁でさっきより少し大きめの固まりを切り取って、いそいそと二階へ上がった。

二皿目も、あっけなく消えた。断面のもろもろを見ると、もっと食べずにはおられなかった。足音をしのばせて台所に下り、椅子の踏み台に乗った。何度も切るのは面倒なので、徳用マッチ箱くらいの大きさに切り取った。

食べ方を探求した。断面のもろもろもいいが、スポンジの穴を潰さないようフォークを使わず手で裂くと、裂け目がふわふわして、これまた食欲をそそった。

また台所へ下り、今度は、お豆腐一丁くらいのサイズを切り取った。台所と二階を往復するたびに、サイズが大きくなっていった。

蜜壺に落っこちた蜂は、その甘さに溺れた。恍惚の時間は、永遠に続くかと思われた。が、突然、背中にぞくっと悪寒が走った。いやな汗が出た。震えがきて、歯の根が合わさらなくなった。

「このくらいにしておきなさい」という母の言葉を思い出し、しまった、と後悔したが後の祭りだった。

頭が割れそうだった。脳味噌が、ドライフルーツの砂糖漬けのように、ジャリジャリしている気がした。バコバコと激しく動悸がし、めまぐるしく夜になったり朝がきたりしているような気分だった。ビルの工事現場でガーン、ガーンと鉄骨を叩くような猛烈な頭痛が始まった。

母は、夕方お客を見送ってから、カステラの蓋がずれているのに気づいた。蓋を開けると、桐箱のカステラの三分の二が消えていた。

「のりこー、のりこー」

このハイカラな包装紙に、南蛮情緒が香ります。
NAGASAKI SHOOKEN
カステラ
松翁軒

慌てて二階へ上がると、娘は布団を頭から引っかぶり、真っ青になって震えていた。私は、猛烈な頭痛と悪寒で、このまま死ぬのかもしれないと思った。結局、二日間、学校を休んだ。両親にこってりと叱られたことは言うまでもない。

それから、カステラは見るのもいやになった。カステラと聞いただけで、頭が疼いた。食い意地の報いは恐ろしく、十年たっても、二十年過ぎても、あのねっとりと甘い匂いを思い出すと、頭がずきずき痛んだ。

最近、仕事でお世話になっている方から、長崎の老舗のカステラをいただいた。

一瞬、固まった。

「あ、カステラ、嫌いですか？」

と聞かれ、「いえいえ」と首を横に振った。

出島の地図をデザインした包装紙に、南蛮のハイカラな雰囲気が漂っていた。

（これは「カステラ」じゃない。南蛮渡来の「カステイラ」だ）

と、頭の中で自分に言い聞かせた。久しぶりに食べてみようと思った。

包丁で煙草の箱くらいの大きさに切り分け、薄紙をペラーッと剝がして、裏に貼り付いた茶色いお焦げを、子供のころと同じように前歯でこそぎ、用心深く味わった。

（………）

味噌のようなコクがあり、ふわんと甘い。

細かくきめのそろったスポンジの穴が、卵の黄身色に光っていた。フォークでギューッと押し切ると、アコーディオンのようにひしゃげ、断面が、あの日のように、もろもろとそばだった。

一切れ、そっと口に入れた。卵の黄身の風味が鼻腔をくすぐった。味が濃く、素朴でさっぱりとしていた。底の茶色いお焦げの層に溶け残ったザラメが、前歯の間でかすかに砕ける食感もよかった。

その時、「カステラのたたり」が解けた。数えてみたら小学校一年生のあの日から、ちょうど四十年が過ぎていた。

それ以後、ちょくちょく、〈松翁軒《しょうおうけん》のカステラ〉を食べるようになった。

「カステラを見ると牛乳が欲しくなる」

という人がいるが、私もそうだ。カステラの断面の黄色いもろもろが牛乳を呼ぶ。

牛乳とカステラは、相性がいい。カステラを食べ、牛乳を飲む……。もそもそとしたスポンジに牛乳がこっくりと染み込んでいく。牛乳には自然でほのかな甘みがある。乳脂肪の丸みが優しくカステラを抱きこむと、尖ったものがなだめられ、赤ん坊のようにあやされている気持ちになる。

母乳の味って、どんな味だっただろう？

牛乳が染み込んだカステラがなめらかに流れ去った後には、アイスクリームのような後味が残る……。

もうちょっと食べたいな？

いや、このくらいにしておこうか？

ブルドックソース、ちょうだい！

「あっ、ソース、切れてた！」

母が台所で叫んだ。

「ねぇ、急いで買ってきてくれない？」

「うん、わかった」

私はサンダルをつっかけ、近所のスーパーまでひとっ走りした。

今夜はトンカツ。それも、私の大好きなヒレカツだ。絶対ソースがなくちゃいけない。〈ブルドックとんかつソース〉。うちのソースはずっとこれである。

「ジャーッ！」

という揚げ音と、新しい油の匂い……。こんがりとキツネ色に揚がったヒレカツは、衣がカリカリ立っていた。熱々のうちに、まな板の上でザクザクと包丁を入れ、キャベツの千切りをこんもりと盛り付けた皿に載せる。

そして、ソースである。〈ブルドックソース〉のキャップをはずして、ヒレカツの上にどろどろ〜っと、かける。とろみのあるどろどろは、生きもののように太くなり細くなりながら、途切れることがない。ヒレカツの上を右へ左へうねうねとくねり、そのまま皿に下りてキャベツの山に移動し、千切りの間をどろどろと行きかう。

こっくりと艶のある重い茶褐色のソースが、ヒレカツの上でコップの縁の表面張力みたいに盛り上がり、それがキツネ色の衣の中にゆっくり染み込んでゆく様は贅沢だ。こんもりと積み上げられたキャベツの千切りは、ソースの重みでしんなりとなる。

ほどよくソースのかかった一切れを、私は箸でつまんだ。ソースの染みた部分は衣がしっとりと濡れ、かかっていない部分はカリカリしたままだ。口に入る瞬間、ソースの甘い香りと、揚げ油の香ばしさが同時にやってきた。そして、
サクッ……。

「ん〜っ！」

「そりゃあ、おいしいでしょ。今日のは最高の豚肉だもん」

たしかに、豚肉も油も、そして揚がり具合もよかった。

だけど、なんと言ってもソースだった。ソースさえかければ、何もかもおいしい。

何と何が混じり合っているのか、見分けなどつかない。野菜、果物。そして、タイム、シナモン、ナツメグ、クローブ、唐辛子、ターメリックなどなど、十数種類の香辛料……。それらを煮詰めに煮詰め、滲み出た滋味、刺激、香りとコクが調和した茶褐色の液体は、酸っぱさ、甘さ、辛さが入り混じり、たまらなく食欲をそそる芳香を放ち、とろりと光って、刺激や香りの中に妖しく甘美なものさえ漂わせている。

ソースを指につけてなめただけで私は幸せになる。茶褐色のとろみの奥で黄金宮の扉が開き、刺激と快楽がいっせいにやってくる。味の酒池肉林《しゅちにくりん》である。指をなめた私は、その快楽に堪える。

この味を一度知ったら、もはやなしではすまなくなるのも当然だ。

ヨーロッパが世界中から香辛料をかき集めた大航海時代を経て、ソースは十九世紀初頭、ある偶然から生まれたという。イギリスの一介の主婦が、台所の余った野菜や果物の切れ端に胡椒や唐辛子などの香辛料を振りかけ、腐敗しないように塩や酢を加えて壺に入れて貯蔵したところ、やがて野菜や果物が自然にとろけ、食欲をそそる芳香が漂ったのだ。

　それから二百年後、私はトンカツからキャベツの千切りへとソースを垂らし、贅沢三昧にかけ回す。

　ハンバーグやコロッケ、エビフライ、牡蠣《かき》フライも、ブルドックソースだ。ハンバーグの肉の焦げた匂いは、ソースの甘い香りがあってこそ完成する。びちゃびちゃとソースの染みたコロッケをサンドイッチにすると、パンの中から、ソースの味とコロッケのジャガイモの味が混じり合って出てきて最高なのだ。

　ところが、

「へぇ〜、森下さん、牡蠣フライにソースをかけるの？　私は牡蠣フライにはしょう油だよ」

　と、友達が意外そうな顔をした。

　長い付き合いで気が合い、ものの考え方から異性の好みまでわかっている友達でも、ある日、ソースをかけるかしょう油をかけるかで、自分と好みが違うことを発見すると、お互いびっくりする。

　彼女は、魚介類は繊細な味をソースで強引にねじ伏せることなく、しょう油であっさりと食べたいのだそうだ。なるほど……。だけど、私はフライの衣にしょう油はかけたくない。やっぱりフライにはソースだと思う。

「それじゃ、海老天と海老フライは、ソース？　しょう油？」

「そりゃ、海老天は天麩羅《てんぷら》だから『天つゆ』で、海老フライはソースでしょ」

「でも、同じ揚げものじゃん、海老天も海老フライも」

　言われてみれば、確かにそうだ。

　そういえば子供の頃、何かのフライに、これはしょう油をかけるべきかソースをかけるべきかと悩んだのを思い出した。その時、和食にはしょう油、洋食にはソース、と線引きして考えた覚えがある。つまり、「和」か「洋」の分類によって、しょう油とソースをかけ分けていたのだ。そういう人、少なくないのではないだろうか？

　しかし、海老天も海老フライも、同じ揚げものだ。そもそも天麩羅だって、ポルトガル語のｔｅｍｐｅｒｏがなまった外来語だという。「和」か「洋」か、その線引き自体、すでにあやしい。

　それなのに、こっちは和、あっちは洋と定義付けたり、各家庭でこれにはしょう油、あれにはソースと、それぞれのルールに従ってかけ分け、味わう。ここが日本人のおもしろいところだと思う。

　小学何年生の時だったか、夏休みの林間学校で、朝食に目玉焼きが出た。ハ

大正末期、ブルドッグがペットとして人気だったので、このマークにしたそうな。

ムの上に目玉焼きが一つ。ハムエッグである。私は迷うことなくソースをかけた。すると、

「えーっ、目玉焼きにソースかけるの？」

と、隣の子が不思議そうな顔をした。彼女のハムエッグにしょう油がかかっているのを見て、今度は私の方が、

「えー？　なんで！」

気持ち悪いと思った。

カルチャーショックというものを、初めて体験した。

「うちは、目玉焼きにはおしょう油だよ」

「ハムにおしょう油って、ヘンじゃない？」

「でも、ご飯とお味噌汁に、おソースがついたら、気持ち悪くない？」

「……！」

そうなのだ。その旅館では、ご飯と味噌汁に、ハムエッグがついていたのだ。これは一体、和食と洋食のどっちだったのだろう？

今では私は、ハムエッグに、ソースとしょう油、どちらもかける。どちらもうまい。

ソースの香りは、ハンバーグやコロッケにも合うが、その一方でお好み焼き

やソース焼きそばを思い出させる匂いでもある。鉄板で焦げたソースの匂いは格別だ。

夏祭りの夜店で、お好み焼きを買った。すでに焦げたソースの上に、さらに刷毛《はけ》でソースを塗って、青海苔《のり》がかけてあった。太いキャベツの芯がごろんと入っていたが、それが甘くジューシーで、ソースの味と抜群に合っていた。

このソースの味こそは、ヨーロッパで生まれ、流れ流れてこの日本で土着化した、国際化の結晶である。

何年か前、ドイツの町のレストランでウィンナーシュニッツェル（ウィーン風カツレツ）を注文した。叩いて叩いて、薄く延ばしたカツレツは、皿からはみ出るほど大きく、ソースが付いていなかった。

「レモンが付いてるでしょ。それを絞ってかけるのよ」

と、店の肥ったおばさんが、ドイツ語で言った（ようだった）。三分の一食べたところで、私は胸やけし、フォークを置いた。

カツレツはソースをかけるからこそうまいのだ。そしてソースは、おいしいだけじゃなく、胸やけを抑える生薬効果があったのだ。私はドイツのおばさんに言いたかった。

「ねえ、ブルドックソース、ちょうだい！」

端っこの恍惚

初めて、その味を知った日のことを、今でもはっきり覚えている。小学校二年生。夏休みに泊まりに行った祖母の家でのことだった。

折りたたみ式の円い卓袱台《ちゃぶだい》の上に、家族のご飯茶碗、味噌汁のお椀、納豆の小鉢やしょう油差しが並んでいた。

青い染め付けの皿に、塩鮭の切り身が載っていた。頭にこけしの付いた子供用のお箸で、鮭の身をほぐしながら夢中で食べている私の顔をじーっと見て、祖母が言った。

「塩ジャケ、好きかい？」

「うん」

身があらかたなくなり、皿の上には、骨と、切り身の縁に貼り付いていた銀色のリボンのような皮が一枚、残っていた。

これと お茶漬けさえあれば、あなた…！

「典ちゃん。皮も食べてごらんよ」

祖母は、そそのかすように、ちょっと声をひそめて言った。

「……これ、食べるの？」

私は、それまで食べるものと思っていなかった皮に目を落とした。焼けた塩鮭の皮は細長く、ウロコは鈍く光り、ところどころ焦げてこんがりキツネ色になっていた。箸でつまんでみると、それはゴワゴワとして棒のように突っ張っていた。

祖母の、さあ、という視線にうながされ、私はゴワゴワした皮の端っこを口に入れ、かみしめた。

「………………！」

脳がぐるんと、でんぐり返った。

パリパリとして香ばしく、油っこさに塩気が効いている。

私はたちまち、一枚の鮭皮に夢中になった。祖母はその様子を見て、

「それじゃ、ここを食べてごらん」

と、今度は、手をつけていない自分の塩鮭を私の前に置き、切り身の末端を指差した。細くなった切り身の端に、クルンとまくれ込むように皮が貼り付いていて、そこは皮が白っぽかった。

「ハラス」と呼ばれる、鮭の中で最も脂の乗った部分である。

私は祖母の言うとおりに、その皮をペラーッと引き剝がし、末端のまくれ込んだ白い部分を口に入れた。

「……」

その裏側に、ゼリーのように透明の、分厚い脂が付いていた。どろんとした脂の甘みに、私はたちまち、かっさらわれた。そこに、旨みがたまっていた。もう周りが見えない。うっとりと皮をむさぼる私は、目を白黒させていたに違いない。

私の顔を見て、祖母は、

「そりゃあおまえ、昔から、『塩鮭の皮の厚みが三寸あったら、大名の首と取り替えてもいい』って言うくらいサ」

と、秘めやかに笑った。その言葉の意味はわからないながらも、私の耳に、それは呪文のように残った。

猫も、生まれつきマタタビの味を知っていたわけではないだろう。いつもどこかに、こうやってマタタビの味を教える長老猫がいるのだ。

祖母のもとから帰った私は、塩鮭を見ると、真っ先に皮だけ剝がして食べるようになった。食卓に家族四人の塩鮭が並ぶと、なぜか皮がない、ということになった。

「こらっ、先に皮を剥がして食べるのは、やめなさい」

と、母によく叱られた。

私は、皮だけの塩鮭があったらどんなにいいかと思い、「塩鮭の皮の厚みが三寸あったら……」という祖母の言葉を思い出した。

小学校の教室の壁に、大きな世界地図が貼られたのは、いつ頃だったろう。ユーラシア、北アメリカ、南アメリカ、アフリカ、オーストラリアの五大陸の中で、私は南アメリカ大陸ばかり見ていた。

上の方は大きくて、下にいくに従ってしだいに細くなり、先が尖っていく。大陸の左側の海岸線に沿って細長く、濃い茶色のアンデス山脈が走っている。そのアンデス山脈沿いの海岸線を、私はいつも目でなぞった。

(鮭の切り身、そっくりだ……)

切り身の皮の部分に当たるのはチリという国で、その末端のホーン岬は、クルンとまくれ込んでいた。

(ここが、最高にうまいんだよなぁ〜)

そのまくれた裏側のマゼラン海峡には、ゼリー状に脂が乗っていて、焼くと脂がジュウジュウいうのである。食べると、脳がでんぐりがえるのである。

私は授業中、南アメリカ大陸の形を眺めるだけで、いくらでも鮭皮の味が想像できた。

初めて「カマ」を食べたのは、中学二年の土曜の昼だった。午前中の授業を終えて家に帰ると、玄関までいい匂いがした。母がコンロの前に立っていた。

「ただいまー」

と言いながら、母が菜箸で裏返したものを見ると、なんだか、お裁縫のヘラの形に似ていた。

「何、それ？」

「塩鮭のカマ」

「カマ？」

「アゴの部分だよ。魚はね、ここが安くて一番おいしいんだよ」

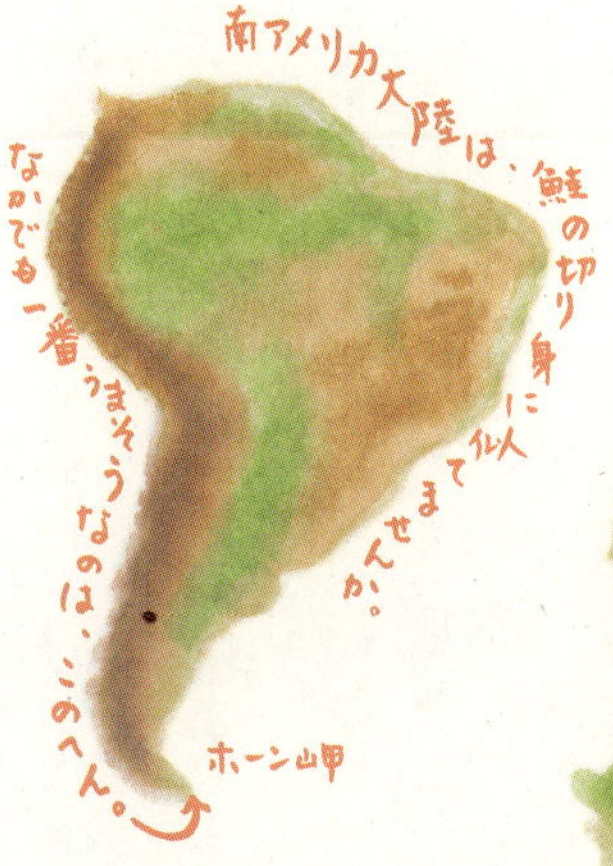
南アメリカ大陸は、鮭の切り身に似てませんか。
なかでも一番うまそうなのは、このへん。
ホーン岬

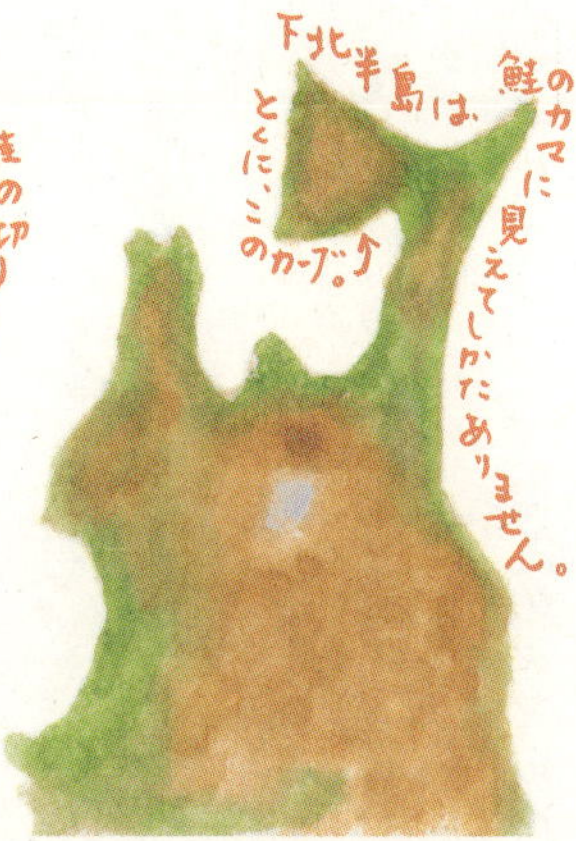
下北半島は、鮭のカマに見えてしかたありません。
とくに、このカーブ。

そう言いながら母は、焼けたのを皿に載せた。お裁縫のへラの裏側には、オレンジ色の身が少し付いていて、あっちからもこっちからも脂がジュウジュウと音をたてていた。

茶の間のテレビで、NHK大河ドラマ『天と地と』の再放送が始まった。それは私の、黄金の週末のプロローグだった。

ご飯は、冷めたままだった。漬物はきゅうりの古漬けだった。

母は、熱いほうじ茶を冷やご飯にさーっと回しかけた。湯気と一緒に、ほうじ茶の安らかな香ばしさが広がった。

「こうやって食べてごらん」

母は、箸の先でカマの裏側についた身をほじくり出して食べては、お茶漬けをシャバシャバとかき込み、顔じゅうの筋肉をほころばせながら、

「うーん！」

と、唸《うな》った。

私も負けじとカマの裏をほじった。骨にへばり付いた皮や身を、ものも言わずにしゃぶり、骨だけになってもチューチューと味を吸った。

鮭の旨みは、こんなところに隠れてたまっていたのか……。塩鮭のカマの濃厚な旨みを、お茶漬けがさっぱりと洗い流し、そのさっぱり感が、またカマの

味を呼んだ。

いつもの週末と同じ午後なのに、まるでこれから夏休みが始まるかのような、のびのびとした幸せを感じた午後だった。

教室の壁に、日本地図も貼ってあった。私は、青森県の北、津軽海峡に突き出た下北半島の形が、鮭の「カマ」に見えるようになった。下北半島を焼いて、その裏側にへばり付いた身をほじると、脂が乗っていてうまいのである。陸奥《むつ》湾の沿岸にへばり付いた焦げた皮を、歯でこそいでしゃぶると、最高にいい味だ……。

鮭の皮もカマも端っこだ。

チリは南米大陸の端。下北半島も本州の最北端にある。

なんだか、端っこは、うまそうである。

水羊羹のエロス

初めて『雪国』を読んだのは、中学生の時だった。ところが、内容はもやもやとして判然とせず、

「国境の長いトンネルを抜けると雪国であった」

という冒頭の有名な一行と、「読んだ」という事実以外、ほとんど何も残っていない。それはきっと、私が若すぎたからだろうと思い、三十歳を過ぎてから、また『雪国』を読んだ。

島村という妻子ある中年男が、雪国の温泉場で、駒子という若い芸者と関係を持つ話であった。

島村は遊びにやってきた男。駒子は、島村に一途に傾いていく自分の心とプライドの狭間で激しく揺れ、

「私はそういう女じゃないの。帰る帰る」

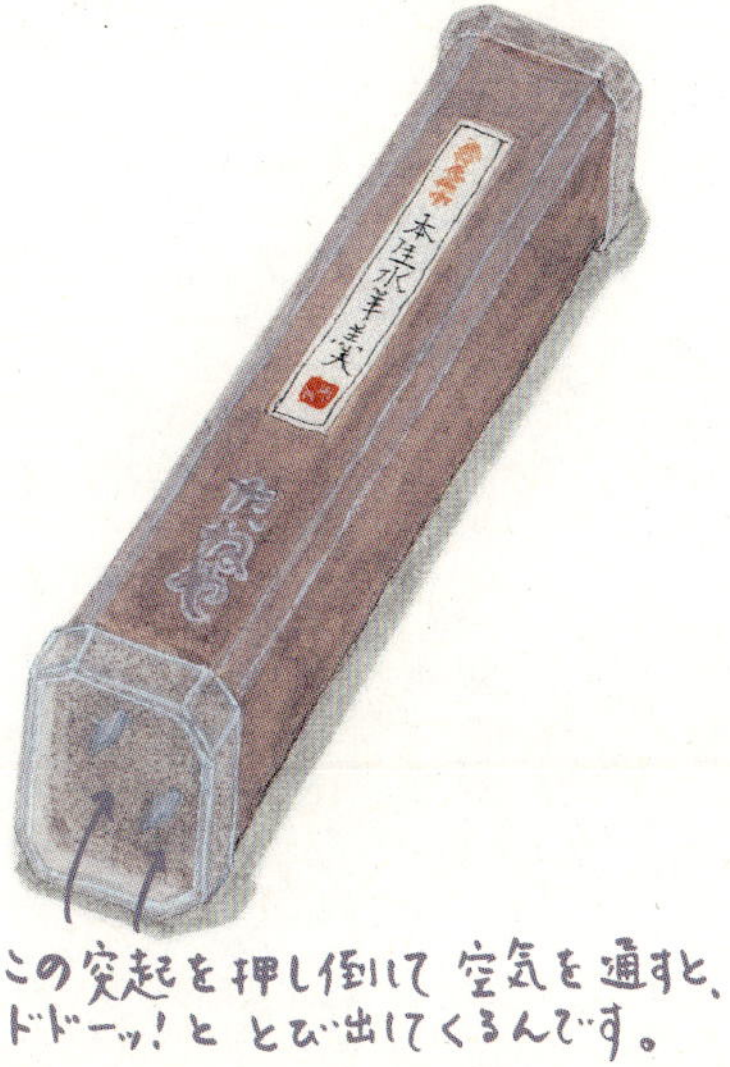
この突起を押し倒して 空気を通すと、
ドドーッ！と とび出してくるんです。

と、毅然と突っぱねたかと思えば、酔ってせつなげに迫り、自分から島村の中にはまり込んできたり、実にとらえどころがない。

島村も、まつわりついてくる駒子をどこかで持て余しながらも、その魅力から逃れられない……。

うじうじ、もやもやとして何もはっきりせず、結局は中学生の時に読んだのと、あまり変わらなかった。『雪国』は、それきり読んでいない。


三年前の夏のある日、たねやの水羊羹《みずようかん》を知人からいただいた。

私は水羊羹を見ると、惚れ惚れしてしまう。つるんと濡れて美しい。スプーンでしゃくると、角がシャープに切り立つところもいい。ひんやりとした寒天質を口に入れると、甘さと小豆の香りに、細胞が涼やかな風を感じるのだ……。

いただいた箱を開けると、長さ二十センチほどのプラスチック製の四角い筒が並んでいた。

〈本生水羊羹〉と、書いてある。本生といえば、本生わさび、本生ビール、というのがあるが、〈本生水羊羹〉って、ふつうの水羊羹とどこが違うのだろうと思いながら、私はその筒を冷蔵庫に入れた。

「ねえ、あの水羊羹で、お茶飲まない？」

母に言われて水羊羹を思い出したのは、その晩のことだった。冷蔵庫から出した〈本生水羊羹〉の筒はよく冷えていた。先端のキャップをはずすと、ビニールで封印がされていた。封印をペリペリ剝がす。たちまち水がしたたった。

しかし、筒を傾けても水羊羹は出てこない。逆さにして振ったが動かない。ふと筒の底を見たら、プラスチックの小さな突起が二つ付いていた。それを指で押し倒すと、小さな空気穴が二つ開いた。〈プッチンプリン〉の要領である。逆さにした。まだ出てこない……。

密着している筒と羊羹の隙間に、ナイフの切っ先をすーっと滑り込ませ、空気を通してやった。

すると、船の進水式のように静かに水羊羹が動き出し、筒から頭を出したと思ったら、突然、ずるずるーっとすべって勢いよく躍り出た。

「待って待って！」

慌てて包丁の腹で押さえ、筒に押し戻しながら食べる分だけ切り取った。

曇りガラスの皿の真ん中に、水羊羹がつるりんと滑り込み、そのまわりに小さな水たまりができた。

肌はみずみずしく濡れ光り、角はきりりと立っていた。中心部は紫の深い闇だが、角に近いあたりは薄靄《うすもや》に透けている。

美しく、なぜだかエロチックだった……。

「いただきます」

スプーンで角を軽くすくい取り、口につるっと入れた……。

ひんやりしたものが舌に触れた次の瞬間、水羊羹がこう言った。

「ううん、噛まなくて結構よ。あたくしの方から参ります」

たちまち、とろ〜ん、ととろけたかと思うと、舌の味蕾《みらい》に甘みがつーっと入ってきた。

「……！」

思わずまぶたを閉じた。なんと上品でやさしい甘さだろう。大脳の皺《しわ》

「ううん。噛まなくて結構よ」

に、小豆の風味がちわちわと染み入る。

　こんな水羊羹、初めてだった。

　ひんやりとした肌が、口の中でとろ〜んとほどけるのを、幾度も幾度も味わった。

　なぜだか、『雪国』を思い出した。

　駒子である……。みずみずしく涼やかで、きりりとしている。ところが、膝を崩すとたちまちしどけなく色気がこぼれ、自分からつーっと入ってきて、こちらを当惑させる。

　これは、固体なのか液体なのか……。固体でもなければ液体でもない、そのとらえどころのなさが、駒子だった。

　噛まず、顎も動かさず、私はただ、向こうからとろけ込んでくる水羊羹を味わっていた……。

　ある日、女友達とデパートの地下を歩いていたら、たねやの前を通りかかった。大きな白木の桶に、ぶっかき氷が入っていて、あの〈本生水羊羹〉の筒が冷やされていた。

　私は立ち止まって、彼女を呼び止めた。

「この水羊羹、食べたことある？」

「ううん」

「食べてごらんよ、いっぺん」

私は、それしか言わなかった。

「……そうお？」

友達はさほど期待するふうでもなく、一本買って帰った。

その翌日の電話である。

「ちょっと、なに？　あのなまめかしい水羊羹は！　あの、とけちゃう感じったら」

興奮している口ぶりだった。

「でしょ？」

「若い女に溺れる男の気持ちになるわよ。こんな女にかかったら、男なんぞ、赤子の手をひねるように骨抜きでしょ」

不思議なことに、彼女も本生水羊羹を「女」のようだと言った。

「寒天の量なのかなぁ。水になるぎりぎりのところで固体として立ってるみたいなねぇ〜」

「だから、抑えて抑えて、耐えかねたように、トローッと……」

「どうするどうする、あの甘さ」

「こりゃ、たまらんっ！」

その後、私はお近づきになりたいと思う人に、この〈本生水羊羹〉を送るようになった。

先日ある講演会で、どことなくリチャード・ギアの雰囲気を湛えた、ロマンスグレーの大学の先生と同席した。私はその人に、夏の便りを添えてさりげなく〈本生水羊羹〉を送った。

後日、届いた葉書にはこう書いてあった。

「水羊羹、ありがたく拝受しました。一口食べてハッとしました。水羊羹に対する僕のイメージは変わりました」

むふふふ。首尾は上々……。

カレー進化論

最近、野菜のカレーにハマっている。

厚手の大鍋にサラダ油とみじん切りのにんにくを熱し、まずは香りをたてる。そこに、一口大に切った豚肉、玉ねぎ、人参、ナス、ピーマン、セロリ、かぼちゃ、ブロッコリー（ブロッコリーは崩れやすいので、最後に入れる）などを入れ、よく炒める。ざーっと水を加え、沸騰したら丁寧にアクを取りながら、柔らかくなるまで中火でコトコトと煮込む。いったん火を止め、わが家御用達の〈ハウスバーモントカレー中辛〉のルウを割り入れて溶かし、弱火で煮込む。

私は、カレーライスのごはんは固めにしゃきっと炊いたのが好きだ。しゃきっとしたごはんをカレー皿に盛り、野菜のごろごろ入った黄金のルウをかける。カレーはごはんの粒と粒の間に、たちまちすうーっと沈み込んでいく。これが、「初日のカレー」である。

バーモントカレー
中辛
これをカレーと言ったら、
インドの人は信じるでしょうか？

わが家では、一度カレーを作ったら、翌日もその翌日も、カレーである。二日目以降、温め直したカレーは、ごはんにかけるとゆっくりとなだれ沈まない。味も熟してくる。カレーの沈み具合を見ただけで、私には、それが初日のか、二日目以降のか、見分けがつく。

〈ハウスバーモントカレー〉が発売されたのは私が小学校二年生の時だったから、もう、かれこれ四十年以上の付き合いである。母が、板チョコみたいな固形のルウを、ぽくぽくと割って鍋の中に入れるのを、私はよくそばでじっと見ていた。ルウが入ると、やがて鍋の中に黄金色のとろみがついて、カレーの匂いが家じゅうに広がる。

「リンゴとハチミツ、とろ〜り溶けてる」

と、西城秀樹が歌っていたが、リンゴとハチミツの味がそのままわかるわけではない。入れるところを見たわけでもない。それでも、入っていると言うから入っている気になり、子供心にまろやかでおいしいと思ったものだ。

ところで〈ハウスバーモントカレー〉は、アメリカのバーモント州から名前を取ったそうだが、当のバーモント州には、バーモントカレーなんてないらしい。けれど、リンゴ酢とハチミツを使った「バーモント健康法」という民間療法があるので、バーモントカレーになったという。

ある日、友だちの家に遊びに行って、夕食のカレーライスをご馳走になった。

「うちもバーモントカレーだよ」

と、友達は言ったが、私は皿を見てびっくりした。野菜は、うちとまったく同じ、人参、玉ねぎ、じゃがいもだけれど、牛肉がごろんとした塊で入ってた。その牛肉をスプーンで押すと、簡単にポロポロと繊維がほぐれるほど煮込んであって感激した。

うちのカレーの肉は豚肉だったし、ペラッとして薄かったから、家に帰ってすぐ母に報告し、

「うちも、ああいうお肉の入ったカレーライスを作って！」

と、ねだったのを覚えている。

まだ、カレーの具が、その家の経済状態を反映した時代だった。知り合いの恵子さんは、

「あら、うちの青森の実家じゃ、子供の頃、カレーライスには、肉じゃなくてスルメが入っていたわよ。カレーライスっていうのは、スルメが入るものだってずっと思っていたわ。大人になって初めて肉の入ったカレーを食べた時、この家のカレーは変わってるな。スルメが入っていない……と、思ったもんよ」

と、笑っていた。

「うちのカレーには、いつも、ちくわが入っていた」

という人もいた。おでんと同じ煮込みという扱いだろうか。

私の祖母の作ったカレーライスには、時々、タケノコとサトイモが入っていた。

小学校時代の親友、真子ちゃんの家では、まだ世間にカツカレーがないころから、カレーにトンカツを載せたり、目玉焼きを載せたりして、食べていたそうだ。

そういえばあの頃、駅前の食堂でカレーライスを注文すると、水の入ったコップと一緒に、花束みたいに紙ナプキンを首にクルッと巻きつけたスプーンが出てきた。

その紙ナプキンをほどき、スプーンをコップの水にちょいとつけて先を濡らしてからカレーライスを食べる人を、何度か見かけた。

なぜだかわからないが、食べる前にスプーンの先をちょっと水で濡らしたくなる気持ちもわからないではなく、それがカレーライスの正しい食べ方なのかしらと思ったりした。

それが「マナー」になっている証拠を見たことがあった。中学校の修学旅行で東北地方に行ったとき、観光バスに乗って昼食に立ち寄った旅館のぶち抜き

翌日のカレーの方が、断然うまみが増します。

の大広間に、生徒百六十人分のカレーライスが、二列に向き合って、

「ズラ――――――ッ」

と並び、それぞれのカレーの隣に、水の中にスプーンを突っ立てたコップが、

「ズラ――――――ッ」

と、林立していたのだ。あれは壮観だった。

そんなふうに具も食べ方もすっかり自分たちの流儀に変えておきながら、それでもあの頃の日本人は、カレーはインド料理だと思っていたのだ。

だから大阪万博の「インド館」でカレーを注文した時、うちのバーモントカレーとは似ても似つかないものが出てきたのを見てきょとんとなり、

「今まで私が食べていたカレーは、どこのカレーだったんだろう？」

と、わけがわからなくなった。


「日本はユーラシア大陸の『パチンコの受け皿』」

と言った人がいる。高野孟《たかのはじめ》さんの著書『最新・世界地図の読み方』（講談社現代新書）の一節だ。

私たちがいつも見慣れている日本製の世界地図は、ちょうど真ん中に日本列島があって赤く塗ってあり、その西側に大きなユーラシア大陸が広がっている。

だけど視点を変えて地図をぐるりと時計回りに九十度回し、西を上にして御覧なさい、というのだ。すると日本列島は、ユーラシア大陸という巨大なパチンコ台の「受け皿」のような位置にある。遠くローマやペルシャ、インドやビルマ、中国、ロシア、北方圏からと、さまざまなルートを通り、さまざまな物や文化が後から後から流れ込んでくるのを、その下の太平洋にこぼれ落ちないように受け取る形になっている。そして、受け皿の中のものを何でも受け入れ、他のものと混ぜこぜにして、それらしいものを作ってしまう。その驚くべき雑居性、社会と文化のしなやかさ、多様性が日本の特徴だというのである。

インドで発祥したカレーのパチンコ玉は、イギリスに弾かれ、海を経由してカレーパンやカレーうどんになり、スプーンを水に濡らして食べる珍妙なマナーも生み出した。

日本ならではの「進化」である。

父と舟和の芋ようかん

父は働き盛りの頃、真夜中にタクシーで「ご帰還」になると階段の下から、二階で寝ている私と弟を、

「おおい、二人とも、下りて来ないかあ？」

と、大声で呼んだ。

「何時だと思ってるの。よしなさいよ」

「いいじゃないか。みやげがあるんだ」

諫《いさ》める母と上機嫌な父の声に起こされ、寝ぼけ眼《まなこ》で下りて行くと、おみやげはたいがい、銀座の高級鮨店の折り詰めであった。

業者の接待を受けてきた父は、眠い目をこすりながら鮨を食べている私と弟に、

「どうだ。うまいか？」

と、しつこく聞いた。

珍しく帰宅が早い日のみやげは鮨ではなかった。父はそれをすぐには出さなかった。なぜか口を真一文字に結んだ気難しい顔でゆっくりコートを脱ぎ、ハンガーにかけ、茶の間の空気をなんとなく不安がらせておいてから、もったいをつけて卓袱台の真ん中に、青い波のデザインの紙包みを置いた。

「舟和の芋ようかんだぞ……」

父は、必ず「舟和の」と、店名を付けて呼んだ。

父は〈舟和の芋ようかん〉が大好きだった。

けれど、家族の反応は、いつも父の期待とは違っていた。

「また舟和の芋ようかん？」

母は芋類が苦手だった。私も弟も、あまり浮かなかった。

カスタードクリームやスポンジケーキなど、洋菓子のきれいに輝く卵色と比べて、舟和の芋ようかんの黄色はちょっと渋い。地味にくすんで、どことなく年寄りくさく見えた。

父は一人、はしゃいでいた。パジャマに着替えると、台所の母に、

「かあさん、しぶーいお茶いれて」

と、いそいそと声をかけ、小忙《こぜわ》しく手のひらをこすり合わせた。

父の前には、愛用の備前焼きの大きな湯呑み。みんなの前にも、それぞれの湯呑みが置かれた。

舟和の芋ようかんは、ねっとりとし、そのくせどこか、ぼそぼそと粉を感じさせる。その粉が、だんだん喉のあたりにたまってくる。

父は渋茶を一口すすってから、芋ようかんを口に運び、しみじみ幸せをかみ締めるような声を出した。

「あーっ、やっぱり舟和の芋ようかんは、うまいなぁ！」

そして、目の前の私と弟に、

「どうだ。ん？　おまえたちも舟和の芋ようかんが好きか？　そうか、好きか」

と、しきりに相槌《あいづち》を求めた。

そんな父が他界したのは、私が三十三歳の時だった。

それから数年が過ぎたある日、一人暮らしの私のマンションに、友達が遊びにやってきた。

「これ、おみやげ」

差し出された紙袋を見て、私は反射的に言った。

「あ、舟和の芋ようかん……」

「知ってる？」

「もちろん」

父がよく買ってきたのは、三十年も昔のことで、包装紙の青い波のデザインは、雷門の大きな提灯の絵柄に変わっていた。

その晩、ひとりで紙箱を開けた。

（あ、この色！）

箱の中いっぱいの黄色が目に飛び込んできた。サツマイモのくすんだ黄色……。その渋い黄色を見ると、脳裏に上野、浅草の街の風景がさーっとよぎった。

箱の中の芋ようかんは六つに切られていた。一本一本の芋ようかんが拍子木《ひょうしぎ》のような柱形で、角が定規を当てたように直角に切り立っている。

私はその黄色い拍子木を、蛸唐草《たこからくさ》の皿に載せ、お茶をいれてテーブルに置いた。

テレビを見ながら、拍子木の角を菓子楊枝《ようじ》で斜めに押し切って、無造作にひょいと口に入れた。急に耳の下がキュンと痛くなって、思わず手で押さえた。

たちまち、口の中で直角がぐずぐずーっと雪崩《なだ》れ、ふかしたサツマイモのほっこりした感触と昔なじみのようなやさしい甘さに、思わず心がほどけていた。

「いもだ！」

そりゃ、芋ようかんは芋に決まっている。だけど、これは、芋よりも芋らしかった。

まじまじと芋ようかんを見つめた。直角に切り立った角のあたりがかすかに靄《もや》っている。子供の頃、年寄りくさいと思ったくすんだ黄色の、なんと豊かなことだろう。この黄金色の拍子木の中に、自然の揺るぎなさがギュッと詰まっている。

箱の中の小さな説明書きを見ると、一本一本手で皮を剝いて蒸《ふ》かしたサツマイモと、砂糖だけで作られているとかで、なるほど、ところどころに赤黒い皮が混じっている。表面はすべすべしているが、芋の短い繊維が、フェルトのようにところどころでケバ立っていた。

私は、たて続けに三本食べた。芋の繊維なのか粉なのか、喉のあたりにぼそぼそとたまり、積もってくる。煎茶を飲む。するとお茶の苦味と一緒にたまったものが、すーっと流される。すっきりして、また食べる。

それ以後、私は〈舟和の芋ようかん〉を、ちょくちょく買うようになった。

食後に、〈舟和の芋ようかん〉が待っていると思うと、夕食が華やいで見える。食卓をきれいに片付けてから、ちょっと渋めに煎茶をいれ、芋ようかんを拍子木のまま、皿に載せる。その深い黄金色をとっくりと眺めてから、角を切って口に入れ、しみじみと幸せに打ち解ける。

「あーっ……。やっぱり、舟和の芋ようかんは、うまいなぁ！」

　気がついたら、父と同じことを口にしていた。

　先日、近所の公園を歩いていたら、土手に真っ赤な彼岸花が咲いていた。

「あ、もうお彼岸なのか」

　うちでは、お彼岸になると、父の仏壇におはぎではなく、〈舟和の芋ようかん〉を供えている。

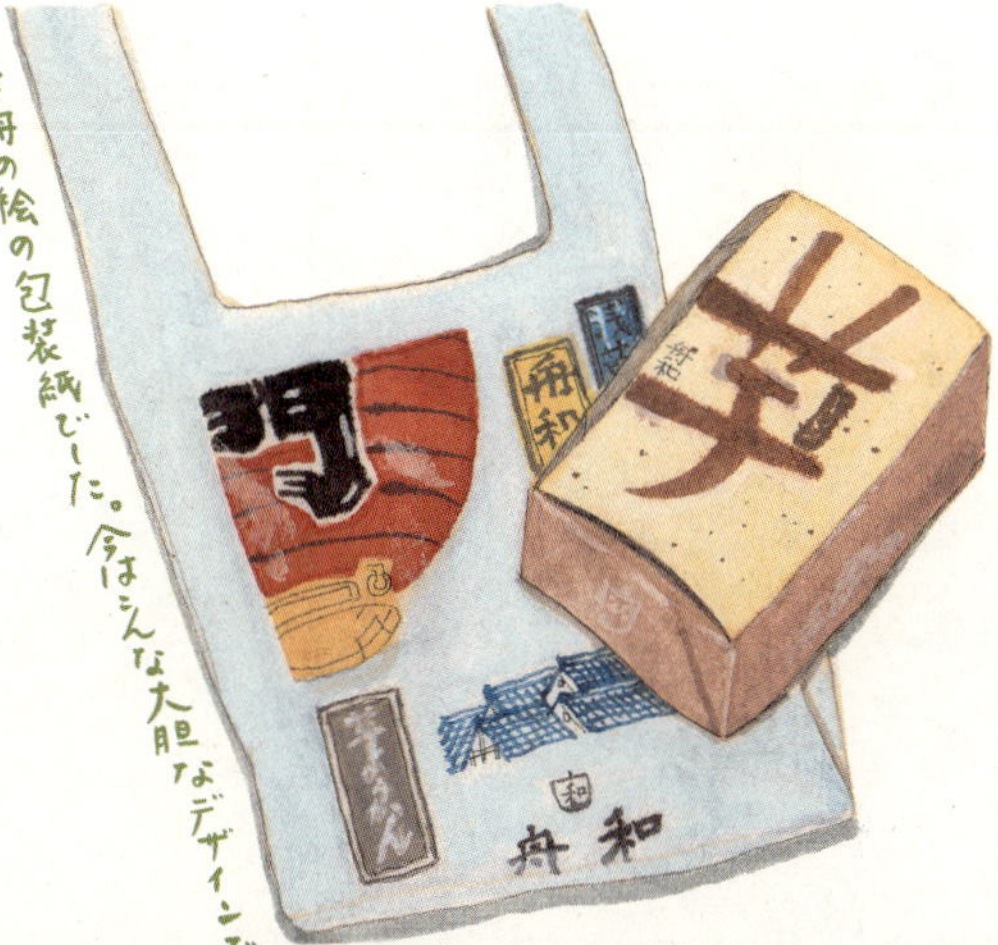

昔は舟の絵の包装紙でした。今はこんな大胆なデザインで目をひきます。

今年もやっぱり、秋がきた……。

焦っていた……。

春には、とっくに出版していたはずの本の原稿が遅れに遅れ、もう八月半ばを過ぎたというのに、まだ書きあがらなかった。

書いても書いてもゴールは見えず、方向を見失って道に迷ってしまった。

編集者も、

「うーん、このままじゃあ、ちょっと、本になりにくいですねぇ」

と、考え込んでいた。

このまま永遠に砂漠を彷徨《さまよ》い続け、抜けられないのではないかと思った。

記録的猛暑が追い撃ちをかけた。

家を一歩出るたび、クーラーの室外機の前に立ったような熱風が吹き付けた。

真っ白く照り返すアスファルトの上で、空気が、コップの底のガムシロップみ

たいに歪んで見えた。テレビでは連日、お天気キャスターが、

「熱中症にご注意ください」

と、呼びかけている。

都内の日中の最高気温、三十八度！

ここ数年、猛暑が当たり前になっていたけれど、本当に地球は狂い始めたのかもしれない。そんなSFじみた恐怖を感じた。

サウナのような熱帯夜が四十日続き、汗にまみれて寝返りを打ち、まんじりともできぬまま幾夜も過ごした。

こういう時こそ、ちゃんと栄養を摂らなければとわかっていても、ご飯もパンも、まして煮物や焼き物など、見ただけでげっそりした。自分の胃袋が体の中で、力なくぶら下がっているのを感じた。

咽喉《のど》を通るのは、そうめんと水羊羹とゼリーである。

三輪そうめんや〈揖保《いぼ》乃糸〉の、白くしなやかでつるつるした感触だけは、毎日でも嫌にならなかった。

冷たいゼリーを曇りガラスの皿に載せ、銀色のスプーンで一口しゃくると、ふるふると揺れる。美しい宝石のようにきらめきながら、ついっと口に入る。顎も動かさず、すするものだけで生きていた。冷たく、つるんとしたものの

食感だけが、暑さと居ても立ってもいられぬスランプの焦りを、ほんの一瞬遠ざけてくれた。

　長い夏だった……。

（これも、いつかはきっと過去になる）

　と、自分に言い聞かせ、毎日、パソコンに向かって言葉を打っているけれど、一体、自分はゴールに向かって近づいているのかどうかがわからない。自転する地球から吹き飛ばされないように、ただ、タコのようにへばり付いて、やっと生きている気がした。

　例年なら、夜は気温が下がって過ごしやすくなる九月になっても、熱帯夜が終わる気配はなかった。

（このままずっと暑くて、秋が来なかったら、どうしよう……）

と、思った。

やがて東シナ海上に台風が生まれ、二つ上陸して大雨が降った。

その台風が去った土曜日、お茶の稽古が再開した。二十歳の時に通い始めて二十九年、毎週土曜日にお稽古に通っているが、毎年、八月初めから九月の初めまで夏休みになっている。

だらだらと流れる汗を拭きながら、先生の家に向かった。一ヵ月ぶりの稽古場。なんだか、もっと長い間、来なかったような気がした。

ここにはクーラーがない。けれど、葦戸《よしど》を透かして向こうが見える。木造の家は、静かに呼吸している気がした。

床の間の竹籠の花入れに、白い芙蓉と赤い水引草が入っていた。

「さ、どうぞ。お菓子をお取りなさい」

と、織部焼きの菓子器が目の前の畳に置かれた。持ち上げると、瀬戸物の肌が、手にひやっと気持ちよかった。蓋を取る。

（うわ……）

大きな白い饅頭《まんじゆう》が並んでいた。

その大きさからすると、中には、餡子《あんこ》がごってりと詰まっているに違いない……。

この一ヵ月間、つるりとした冷たいものばかり口にしていた私には、餡子のごってり詰まった饅頭は、重たい。

胃のあたりがむっとするのを感じながら、黒文字の箸で一つ取り上げ、懐紙に載せた。

(大きすぎるな……)

「どうぞ、召し上がれ」

「頂戴いたします」

仕方なく、一口、あぐりと齧《かじ》った。その途端、

「……!」

驚くほど大きなものの歯ざわりに出会った。

栗が入っていた。それも、とびきり大粒のやつが、丸ごとごろんと一粒。

金時芋のようにぽくぽくとし、芯まで甘く煮え、とろけるような味がこっくりと染み込んでいる。

こし餡が、大きな栗の回りを薄く包んでいた。その甘さがなんとも上品だ。

それらを包み込む白い饅頭の生地は、おろした山芋を蒸し上げた薯蕷《じょうよ》で、しっとりとした粘りと弾力があり、栗の甘煮とこし餡の甘味にモチモチとからま

るのである。

私は、久しぶりに食べものを頬張り、もぐもぐと口を大きく動かしていた。顎ごと大きく動かさなければ、食べられないのが秋の実りだった。

ぽくぽくとした栗の歯ごたえと、それにからまる薯蕷のモチモチ感。甘くて、しっとりして、思わず顔が崩れるのを感じた。

「先生、これおいしい～」

「鶴屋吉信の〈栗まろ〉よ」

丹波の新栗を使っているのだそうだ。白い饅頭の上に、一つ一つ、その年の焼印が押してある。

生徒の一人が、お点前を始めた。

シャカシャカシャカシャカ
茶筅を振る音を聞きながら、私は床の間に目をやった。

「清風萬里秋」（清風《せいふう》、萬里《ばんり》の秋）

という掛け軸が、かかっていた。

葦戸の向こうに目をやると、透けて見える空が、いつの間にか高い。

その時、庭の草をわたる風が、さやさやと柔らかい音を立てた。

あ。どこかで、虫が鳴いている……。

でっかい丹波の新栗が歯に触った時、実りの秋を実感します。

（ああ、今年もちゃんと、秋が来たんだ……）

そう思ったら、不意にじわーっと目頭が熱くなった。

猛暑とスランプの中で書き続けた原稿が、やっと実り始めたのは、その少し後だった。

「この調子でいきましょう。来年の初めに出版ですね」

と、編集者が微笑んだ……。

暑さが厳しかった年ほど、最初に〈栗まろ〉を食べる時の歓びは大きい。もぐもぐと頬張りながら、栗とこし餡とモチモチした饅頭の皮のハーモニーに陶《とう》然《ぜん》とし、なんだか少し、泣きそうになる。

それは日曜の朝、やってきた

うちは木造の小さな二階家で、昭和四十八年に増築するまで、一階の六畳間で家族全員が寝起きし食事をし、お客様があるとそこが急遽《きゅうきょ》、客間にもなった。母親が、事あるごとに「うちは貧乏だから」と言うので、私もそうなのだろうと思って育った。ところが、そんな私が、

「ひょっとするとうちは金持ちなんじゃないだろうか？」

と、錯覚する季節があった。デパートからひっきりなしに品物が届く「お中元」、「お歳暮」のシーズンである……。

父は当時、造船会社の資材を発注する部署にいた。

○○鉄鋼、××金属、△△鋼管などという社名で〈カルピス〉〈国分のフルーツ缶詰〉〈ペリカン石鹸〉〈日清サラダ油〉〈トワイニング紅茶〉〈サントリーウイスキー〉などが次から次へとやってきた。

茶の間であり食堂であり、寝室でもある六畳間に、三越や高島屋の包装紙に包まれた箱がうずたかく積まれ、窓はふさがれ、洋服ダンスの扉は開けられなくなった。母はご近所に「頂き物ですが」とおすそ分けしたり、遊びに来た親戚にあげたりした。

〈ペリカン石鹼〉は、一生、石鹼を買わないでいいのではと思うほどたくさん頂き、平成十年にやっと最後の一個を使い切った。

六畳一間で肩を寄せ合って暮らすサラリーマン家庭の子でさえ、うちは金持ちなのではと錯覚するほど、世の中に活気が溢れていた。

「今日より明日は豊かだ」

ということに何の疑いもなく、みんな大空に向かって飛び立つ飛行機のように上を見ていた。企業に勢いがあり、お給料やボーナスも、右肩上がりにぐんぐん上がる時代だった。

「接待」が盛んだった。父は、銀座の高級鮨店の折りを下げて、タクシーで送られては、取引先の業者の人を六畳間に連れてきて、母を慌てさせた。

家族ぐるみで接待を受けることもよくあった。私も弟も、白いタイツをはいておめかしし、スエヒロの白いテーブルクロスのかかった席で、初めてビフテキをご馳走になった。ミディアムとかレアとか、耳慣れない言葉を聞いたのも、それが初めてだった。まだ幼稚園児だった弟は、食事の帰りに、長崎の鉄工所の社長さんから自分の身長と同じくらいのブリキの新幹線を買ってもらい、親子が川の字になって寝る布団の中で、毎晩、新幹線を抱いて寝た。

あれは、忘れもしない一九六四年十月。「東京オリンピック」が終わって、その熱気も余韻も覚めやらぬ日曜の朝だった。

「森下さーん！　お届け物でーす！」

玄関の戸を叩く音に、

「はーい」

と、母がいつものようにハンコを持って玄関に小走りで出た。その包みを開けたところで、

「パパ、大変！」

母の声色が変わった。父も包みの中を見るなり、眉を寄せ、難しい顔つきで母と目を見合わせた。

「○○製鋼の社長からだ」

「パパ、どうしよう？」

ただならぬ空気に、私は緊張した。何事だろう？

母は、まるで悪いことでもしたかのように声を押し殺して言った。

「マツタケだよ……」

「……マツタケ？」

「しーっ」

母は、唇に人差し指を当てて、私を黙らせた。

私も竹籠を覗いた。一目見るなり、

（あ、これは、シイタケじゃない……！）

と、思った。大きさも、形も、雰囲気も、すべて違っていた。子供心にも、品格のようなものを感じた。

里山の下草の間から頭を出したばかりのような、笠も開いていないキノコの、ずんぐりと太いつぼみが、ヒノキの葉を敷き詰めたゆ

昭和四十年代のお歳暮が、最近、天袋から発掘されました！

りかごの中に、ごろごろと七、八本並べて寝かされ、息づいていた。

「こういうのが、高級なのよ。目玉が飛び出るくらい高いんだから」

と、ささやく母の後ろで、父はどこかへ電話をしていた。

「いやぁ社長、困りますなぁ〜」

大きな声を上げ、大げさにアハハハと笑い、恐縮したように何度も頭を下げていた。

母と私は、「おあずけ」を言いつけられた犬のように、父の沙汰《さた》を待った。

やがて、受話器を置いた父は、

「おい……」

と、大きく顎をしゃくり、母に言った。

「そのマツタケ、よそへは一本もやるな。この際、家族で思いっきり食おう」

「いいのぉ？」

母の声は興奮で裏返った。

それは丹波の山奥で採れたばかりのを、ＪＡＬの飛行機に乗せて空輸した、正真正銘の国産マツタケだった。

母は、まだ山の土がついたままの、ずんぐりした軸を、

「ほらほら、この弾力！」

と、指で押し、それから、縦にスーッと裂いた。軸の中は生木の断面のように白く、繊維の束が細かく裂けて糸を引いた。

母は裂いた軸を鼻先に近づけると、

「んっ、すごい！」

と、弾かれたように目を輝かせ、いそいそと籠を抱えて台所に消えた。

（マツタケって、そんなにおいしいのかなぁ？）

世の中には、大人たちの喜ぶ高級な食べ物がいっぱいある。たとえば、ウニ、アワビ、フグだ。これらの味は子供だった当時は、一体どこがおいしいのかさっぱり解せなかった。

その晩、母が料理本を見ながら作ったのは、「マツタケの銀紙焼き」だった。銀紙の上にサラダ油を塗って塩鮭の薄い切り身を敷き、その上に、手で裂いたマツタケをこんもり載せる。さらに松葉を刺した銀杏を載せ、銀紙で密封するように包みこんで、魚焼きの網に載せて焼いたものだった。

「さあさあ、いただきましょう」

「思いきり、食べなさい」

「いただきます」

皿の上に、銀紙の包みと、小さな緑色のすだちが載っていた。

今、こんなマツタケを買ったら、十万円はしそう…。

家族で、まだ熱い銀紙をそっと広げると、森の朝霧のような白い湯気が上がった。

その時だった。

「うわぁーっ！」

立ちのぼる匂いで、六畳間の空気が一変した。

いや、これはもう匂いではない。空気に味が付いていた。

ホタテ貝を焼くと、ジュクジュクと泡が立って、海を煮詰めたような香りが食欲をそそるように、マツタケを焼くと、生木の匂いを煮詰めたような森のエキスで空気が染まった。

濃厚で清潔。空気に、塩けまで調っていた。もうしょう油も何もいらない。その空気の味をおかずに、白いご飯が食べられる。

蒸し焼きにされ、茶色く、しんなりとしたマツタケに、緑色のすだちを搾《しぼ》る。

箸でそっとつまんで、一切れ食べた。

ザクザクザクザクザクッ！

繊維の切れる小気味のいい音が、頭の中いっぱいに鳴り響いた。噛んでも噛んでもザクザク鳴って、繊維の奥から奥から香りがやってくる。

銀杏も、塩鮭も、何もかもがマツタケの香りで燻《いぶ》されていた。銀紙の底の、茶色い焦げ付きも一心不乱にチューチューしゃぶった。

「こら、行儀悪いっ」

「だって、ここに味がたまってて、おいしいんだもん」

アワビやフグと違って、マツタケのうまさだけは、子供の私にも一回でわかった。

そして、丹波産のマツタケを思いきり食べられたのも、そのたった一回だった。

インスタントのマツタケのお吸いものが発売されたのは、その直後である。

マツタケのおいしさを知った私は、

「えっ、マツタケの味？」

と、身を乗り出したが、その茶色く薄べったい小袋の中に、どうやってあのマツタケが入っているのか不思議だった。

小袋を開けると中からは、乾燥したお麩《ふ》や葱《ねぎ》、海苔などがサラサラと出てきただけで、マツタケの姿はなかった。それでも、

（お湯を注いだら、魔法のように現れるかもしれない）

と、期待してお椀に熱湯を注ぎ、目を凝らした。

お麩とお麩の間に、爪の先ほどの茶色いものが、ぷかぷか浮かんでいた。

「これが、マツタケ？」

熱いのでフーフー吹くと、ぷかぷかとしたマツタケは、モーターボートのようにピューッと水上をすべってお椀の向こう岸にへばり付いた。箸の先でつまんで噛んでみると、シイタケの味がした。

それでも、目をつぶって一生懸命に湯気を嗅ぐ。すると、マツタケの香りの幻が、ゆらりと立ちのぼった。

大人になってから、デパートの高級青物売り場でマツタケの竹籠を見て、その値札に目を剥いた。その後何度か、居酒屋の「茶碗蒸し」、旅館の「土瓶蒸し」などでマツタケを口にしたが、韓国産か中国産だったのだろう。一九六四年十月に私の舌が記憶した、丹波産のあのマツタケとは、あまりにも遠かった。

あれは、時代が味わわせてくれた一世一代の贅沢であった。

夜更けのどん兵衛

女子大に通っていた頃、他の大学の男子学生と合同で読書会をやっていた。表向き昼間は本を読んで真面目に感想を話し合うのだけれど、なんのことはない、夜は近所の居酒屋で合コンになった。

男子学生たちは、昼の読書会で必要以上に火花を散らした。どんな本でも理屈をこねくり回して討論になったが、特に、出席した女子大生の中に胸の大きな子がいると、論戦が激しくなるよ

このペローンとした紙蓋が、カップ麺の風景。

うだった。

一年足らずでみんなが誰かの彼女、誰かの彼になり、読書会は自然消滅した……。

私が好きになった男の子は、議論が白熱すると、前髪が額にはらりと落ちかかった。ハンサムではなかったけれどその前髪に、私はぼーっとなった。

私たちは二人きりで会うようになり、毎週、同じ喫茶店の同じ席で差し向かった。彼は相変わらず、「ポストモダン主義」だの「神は死んだ」だのと語り、私は、

「ふーん、ふーん」

と、聞いているふりをしながら、時々はらりと落ちかかる彼の前髪だけを見ていた。

うどんのカップ麺が出始めたのは、その年だった。

ある日、いつもの喫茶店のいつもの席で、私は彼に言った。

「ねえ、〈どん兵衛きつねうどん〉って食べた？」

「……どんべえ？」

彼は、怪訝《けげん》な顔をした。

「知らないの？　新しいカップ麺。ラーメンじゃなくてうどんのやつ。テレビ

で山城新伍と川谷拓三が宣伝してるじゃない。♪どんぶりばちゃ、ういた、ういた、するりとしゃんしゃんしゃん♪って」

「……」

「私、きのう食べたんだけど、おいしいのよぉ〜。うどんが平べったいのに歯ごたえがあってね、なんたって、『おあげ』におつゆがよーくしみてて、そのおつゆに鰹《かつお》だしがきいてるの。食べてみてよ」

「……」

彼は、吸っていた煙草の煙をふーっと細く吐きだしたと思うと、吸殻を灰皿になすりつけて言った。

「うまいわけないさ」

「え？　なんで？　だって、まだ食べてないんでしょ？」

「食わなくたってわかる」

「なんで食べてないのにわかるのよ。いいから、いっぺん食べてごらんなさいよ」

むきになる私に、彼は前髪をかきあげながら、

「所詮、まがいものだ」

と、冷ややかに言った。

心の中に、寅さんのセリフが湧き上がった。

（てめぇ、さしづめ、インテリだな!?）

彼にムカついたのは、それが初めてだった。

それから半年後の天気のいい日曜日だった。表参道の歩行者天国を、二人でぶらぶら歩いていたら、彼が思い出したように言った。

「そういえばこの前、どん兵衛っていうきつねうどんを食ったんだ。アレはうまいぞぉ。君も一度食ってみるといい」

私は唖然《あぜん》とした。

「前に、私、言ったじゃない。そしたらあなた、『所詮、まがいものだ』って馬鹿にしたわよ」

「……そんなこと、言ったかぁ？」

「言った」

彼はケロッとして、

「まあ、どうでもいいさ。とにかく、君も一度食ってみることだ。あれは、下手なうどん屋のうどんよりうまいから」

なんだこいつ、と思った。

〈どん兵衛〉が原因というわけではなかったけれど、その頃からちょくちょく、ぶつかり合うようになって、結局、彼とは別れた。彼が今、どこでどんな人生を送っているのか私は知らない。

あれから三十年……。

私は今ひとりで、夜更けに原稿を書いている。

学生時代、試験前はいつも一夜漬けで詰め込み勉強したものだったが、その癖からいまだに抜けられず、世の中の人々が寝静まってから執筆が佳境を迎える。すると、真夜中過ぎ、猛然たる空腹感を覚える。

無性にカップ麵が食べたくなる……。〈どん兵衛きつねうどん〉だ。〈どん兵衛〉じゃなくちゃ駄目なのだ。

なぜかはわからないが、たいてい、午前一時過ぎである。こんな時間に胃袋に何か入れたら体に悪いことがわかっていながら、よりによってカップ麵が食べたいのである。おつゆのしみた「おあげ」や白くて平べったい麵の幻が、目の前に迫って、私を駆り立てる。

「あぁ〜っ、もう駄目！」

我慢ができなくなって、丑三《うしみ》つ時にコートをひっかけ、近所のコンビニまで買いに行ったこともある。

お湯を沸かし、どん兵衛の容器を密封したフィルムをパリパリと剝がす。発泡スチロールのどんぶりはいかにも手軽で、振ると、プラモデルの箱みたいにカサカサと鳴る。その軽さがなんともニセモノくさい。

どんぶりの紙蓋をぺりぺりと半分剥がす。まず目に飛び込んでくるのは、さつま揚げのような色をした大きな四角い「おあげ」。この「おあげ」を持ち上げると、その下は乾燥麺である。強力パーマのかかった白い平麺が丸い型にはめられ、どんぶりの形状にすっぽり収まっている様は、なんとなくタタミイワシを思わせる。

粉末スープの小袋を切ってサラサラとまんべんなく振り入れ、どんぶりの縁のお湯の線まできっちり熱湯を注ぐ。紙蓋が湯気に当たると、スルメを焼い

真夜中の誘蛾灯…。

たようにめくれ上がるので、蓋の上に皿で重しをし、できあがりまで五分待つ。

この五分が案外長い。私は待ちきれなくて、つい三分半か四分で蓋を剝がしてしまう。ベリベリーッと紙蓋を全部剝がしたら、膨らんだ「おあげ」を箸で二、三回、押してみる。「おあげ」はずっぷりと汁を含んで、濡れ布団のように重くなっているのに、不思議に押しても沈まず、救命胴衣みたいに浮き上がる。

この「おあげ」は、後でじっくり味わうことにする。私はおあげの端をめくり、下から麵を引っぱり出して、ズルズルッとすする。

パーマのかかった平べったい麵は、箸でつかみやすくすすりでがある。うねりに鰹ダシのおつゆがよくからんでくれる。麵の肌はつるつるして、膨らみながらかすかに透け、もちもちしている。汁も少し吸う。

「あぁ〜っ！」

幸せである。深夜、仕事机ですする〈どん兵衛〉は、なんておいしいのだろう！

私は、本物のきつねうどんの代用品として、〈どん兵衛きつねうどん〉を食べているわけではない。〈どん兵衛きつねうどん〉そのものの味が好きなのだ。

「おあげ」も麵もおつゆも、本格うどんによく似せている。なのに、どこかにやっぱりインスタントものの癖がある。彼の言ったように「所詮、まがいもの」なのだ。だけど、そのまがいものらしい味が、夜更けにたまらなく恋しい。

「ふーっ」

と、息を整え、いよいよ「おあげ」を食べる。〈どん兵衛〉の「おあげ」は名作である。角からかぶりつき、食いちぎる。食べるのではなく、食いちぎるのである。

濡れ布団のような「おあげ」が、そこかしこから、じゃばーっと甘いおつゆをほとばしらせながら、びりびりに裂けていく……。この感触がたまらない。

しかし、「おあげ」が先になくなってしまうと、きつねうどんはただの素うどんになってしまうから、私は麺をすする合間におあげをちょっとずつ食べ、最後に一口残している。大事にとっておいた「おあげ」はもう一度、汁に沈める。沈むまいとする「おあげ」を無理やり箸で押し沈めて、たっぷり汁を吸わせてから、名残りを惜しむように味わう。

残ったおつゆを飲みきると、カップと割り箸だけが残る。捨てようと、手に持ったどん兵衛の容器は、やけに軽い……。

漆黒の伝統

今朝もわが家は、ごはんだった。

炊飯器の蓋を開けたら、ふぁーっと湯気が上がり、炊きたての匂いがした。ごはんの上で騒がしく泡だっていたものが、さわさわさわーと音をたてて、いっせいにひいていく。ふっくらした一粒一粒が、艶やかに光って立っている。お釜の中は、まるで春の畑の土みたいに、ほこほことしていた。

「うわぁー、おいしそう！」

しゃもじでかき混ぜてごはんに空気を入れ、それをわが愛用の縞のお茶碗にこんもりとよそった。粒がピカピカ光り、湯気がほわ〜んと二筋、たゆたった。

そのごはんの上に、〈江戸むらさき　ごはんですよ!〉を一匙《ひとさじ》、載せる。海苔の佃煮《つくだに》は、つくづく黒い。ただの黒ではない。コールタールのように、てらてらと光り、どろどろしている。

こんな不気味な黒いどろどろを白いごはんにベタッと載せるなんて、ギョッとしそうだが、これがなぜか実に美しい。

思えば日本では昔から、「黒」はシックな大人の色だった。椿油で撫で付けた艶のある黒髪は美人の条件だったし、黒紋付、黒留袖は、今でも第一礼装だ。江戸時代の大人の女性が襟《えり》にかけた黒繻子《くろしゅす》。黒塗りの漆器。「粋な黒塀、見越しの松」である……。

海苔の佃煮の照りと艶も、この「黒」の伝統につながっている気がする。

海苔の佃煮を、箸でのばすと、ぬるぬるのびる。ぬるぬると、のびるだけのばしてみると、「茶色」である。さらにのばしていくと、美しい「緑」である……。

あんなに黒々と見えたのに、海苔の佃煮のどこも黒くない。「黒」の正体は、実は、青海苔の「緑色」だったのである。

この緑色がごはんの湯気に触れた途端、磯の香りが目を覚ます。ごはんが炊きたてで熱ければ熱いほど、香りが際立つ。

はふはふ言いながら、ごはんを頬張る。どろどろした照りの、みりんの甘みに味覚がとろけ、噛むほどに口の中が磯一色になる。

子供の頃、口に含んでブーブー鳴らした海ホオズキの味がする。午後の海岸で、潮風にべたついた肌をなめた時の味がする。

炊きたてのごはんで海苔の佃煮を食べるたび、私には、

（ここだ、ここだ……）

と、体の声が聞こえる。「ここ」とはどこかわからぬが、「ここ」なのだ。

人はよく、味の記憶を、家庭の味、おふくろの味と呼ぶけれど、海苔の佃煮の味の記憶は、もっともっと遠いところからやってくる。体の奥で血液が、海を思い出している気がする……。

それは大人びた味のはずなのに、幼い頃から子供たちも、ごはんに載せた海苔の佃煮のオツなうまみを知っていた。

のり平である……。

桃屋のコマーシャルアニメに登場する、鼻メガネのキャラクターのり平は、昭和の名喜劇役者、三木のり平さんがモデルであり作者で、声も自ら吹き込ん

でいた。のり平は、昭和三十年代からサザエさんに匹敵するほど親しまれてきた、国民的キャラクターだった。

当時はどこの家でも、冷蔵庫の扉のポケットに〈江戸むらさき特級〉が入っていた。そろばん玉のような形の瓶に渋い紫色のラベルが張ってあって、その〈江戸むらさき〉という流れるような書体を見ただけで、私の耳には、いつも、

「何はなくとも、江戸むらさき」

という、三木のり平さんの声が聞こえた。

当時の子供たちは、のり平を通じて海苔の佃煮という伝統食に親しみ、体の声につながるような磯の風味を舌に覚えた。あれは一つの伝統教育だったと思う。

その見慣れた〈江戸むらさき〉の瓶と紫色のラベルに、三十年前、突如〈江戸むらさき　ごはんですよ！〉が現れた。私は、そのカラフルなラベルに当初、違和感を覚えた。しかし、

「おとうさん、ごはんですよ〜」

という新コマーシャルにも、鼻メガネののり平が登場していることで、伝統は受け継がれた。〈江戸むらさき　ごはんですよ！〉を食べてみたら、味はやっぱりのり平だった。

このロゴを見ると、のり平さんの声が聞こえる気がします。

それほどまでにのり平と桃屋は一体だったから、平成十一年に三木のり平さんが亡くなった時、多くの人が思ったのは、

（桃屋のコマーシャル、どうなるんだろう）

ということだった。

ところが、不思議なことに桃屋のコマーシャルは変わらなかった。まるで、のり平さんが生き続けているかのごとく新作コマーシャルが次々に作られ、同じキャラクター、同じ声で流れ続けたのである。

のり平さんと声がそっくりなご子息、のり一《かず》さんが跡を継がれたことを、私は何年も経ってから知って驚いた。

（父子とはいえ、これほど声がそっくりだとは……）

のり平の伝統は、ＤＮＡによって受け継がれたのである。

今の子供たちは、ごはんに載せた海苔の佃煮のオツな味を知っているだろうか。口いっぱいに広がる磯の香りに歓ぶ体の声を、ちゃんと聞いているだろうか？

黄色い初恋

　小学校二年生のころ、よく母に連れられて近所の商店街のパン屋さんに行った。そこは、窯《かま》から出した食パンを一斤丸ごと売っていて、トースト用、サンドイッチ用と、お客さんの目の前で注文の厚みにスライスしてくれた。

　銀色に光る大きな機械で母が食パンをスライスしてもらっている間、私は少し離れたところで、じーっと、上から二段目の棚を見上げていた。

「コロッケパン」「焼きそばパン」「あんぱん」「クリームパン」など茶色っぽいパンが並んでいる中に、一種類だけ、色の違うパンがあって、そこだけ、ぱーっと明るいオーラを放っていた。

　ほんのり緑色を帯びた、さわやかなレモン色……。形は、お椀を伏せたような半球形で、金網を押し付けたみたいに大きな網目模様がついていた。表面に艶はなく、まるでカリフラワーのように、もこもこしていた。

それが、初めて見た「メロンパン」だった。

私はその色を見ると、胸のあたりにお日様が差し込むような幸せを感じた。

齧《かじ》ってみたくて、齧ってみたくて、仕方がなかった。

（どんな味がするんだろう。きっと甘くていい匂いだろうな……）

「ほら、行くわよ」

母の声でビクッとし、われに返った。

前に一度、

「これが食べたい」

と、母にねだったことがあった。

「だめ」

ふだん、駄々をこねたことのない私が、この時だけは必死になって母にせがんだ。

「お願い！　買って！」

母は、子供に菓子パンの味を覚えさせないほうがいいと思ったのだろう、

「菓子パンなんか、だめっ」

と、頑として取り合ってくれなかった。

親は絶対的な存在で、子供の私には、まだ自分の欲しいものを気ままに買っ

一目惚れでした。

だのに、中味は…。

て食べる自由がなかった。

一言のもとに却下された悔しさと店先で叱られた恥ずかしさで、私は二度と母に、メロンパンをねだらなかった。けれど、母がそのパン屋さんでパンを切ってもらうたび、大人の客の間をかき分けて、菓子パンの棚の前に行った。欲しいと口に出さない分、全身でメロンパンを想った。

緑色がかったさわやかなレモン色……。

もこもことした質感……。

メロンパンの全てが私をとりこにした。

目の前にあるのに食べられないと思うと一層おいしそうに思え、私は想像の味に身悶えた。

(きっと、こんな味で……、こんな歯ざわりで……、こんな匂いで……)

食べたことがないのに私はメロンパンのおいしさを確信した。

町で見かけた美しい女の子に恋をした少年が、まだ一言の言葉すら交わしたことがないのに、

「僕にはわかる。彼女はやさしくて、ナイーブなんだ」

と、思い込むのに似ていた。

私はメロンパンの味を思い描くのに、想像力の全てを注いだ。目で食うがご

とく、じーっと見つめていると、実際は食べていないのに、本当に口の中が甘くなるのだった。同時に、鼻先を香料の甘い匂いがふぁーっとかすめたような気がして、小鼻が羽ばたいた。幻覚である。じわっと唾液もわいた。

母に手をひかれてパン屋から出、通りを渡ってからも、私は後ろ髪引かれて振り返った。ウィンドウの「ベーカリー」という金文字の向こうで、レモン色が微笑んでいるように見えた。

人が「ああ、あれ食べたい」と悩ましく思うのは、前にそれを食べた味の記憶があるからだが、記憶もないのにこれほど狂おしく妄想をかき立てる食べ物は、後にも先にもメロンパンだけだった。

それから一年ほど経った頃だろうか。おこづかいをもらうようになった。確か、一ヵ月分が百円。

花模様のガマ口に、人生で初めての自由に使えるおカネを入れて握り締め、私は一人でメロンパンを買いに行った。坂道を商店街へと駆け下りる自分の足が、地面から五センチくらい浮き上がっている気がした。

その日買ったメロンパンを、どこで誰と食べたのか、不思議なことに覚えていない……。

覚えているのは、白い紙袋からメロンパンを取り出しながら手が震えたことと、思いきりかぶりついた瞬間、ふわんと漂った香料のめくるめく匂い。

そして、あのカリフラワー状のもこもこが、パラパラと壁土のようにこぼれ始めたと思ったら、何かが突然、がばっと「カツラ」のように剝がれ落ちた時の、えっ⁈!という、衝撃である。

レモン色のもこもこが剝がれ落ちると、下から現れたのは、白いパンであった。味も素っ気もない、ただのパン……。

あれほど私を夢中にさせ、悩ませたきれいな色のもこもこは、パンの表面を覆った、厚さわずか一、二ミリの「かさぶた」のようなものだったのだ。中身も、外側と同じでいてほしかったのに。

(そうだったのか)

幻滅というものを味わった……。

では、それきり、メロンパンへの憧れは終わっただろうか?

……いや。

それでもやっぱり私は、メロンパンを買わずにいられない。

それが、パンの表面にクッキー生地を塗りつけて焼いただけのものであることも、齧れば表面が「かさぶた」のように剝がれることも、そして、夢のようにおいしいわけではないことも知っているのに、なぜかメロンパンが欲しくなる。

今でも私は、あのもこもこしたレモン色を見ると、胸のあたりに、お日様が差し込むような幸せを感じる。食べたこともないのに、ありったけの想像力で味の幻覚を見た子供の頃の憧れを思い出すことができる……。

メロンパンを食べているとき、私はきっと、実際に舌先で感じる味ではなく、子供の頃、心に思い描いた味を、記憶の中から取り出して味わっているのだ。

大人になった私は食べたいものを何でも自由に食べることができる。けれど、気がついたら、もうあの頃のように想像力の全てを傾けてまで食べたいものは、ない。

茄子の機微

十代の頃、茄子が嫌いだった。

七月から九月にかけては露地物の茄子の出盛りで、値段が安かったのだろう。毎日、食卓に茄子が上がった。

むしむしと暑い朝、下の台所から、
だすだすだすだすだすだす
と、刻む音が聞こえてくる。

（あー、また茄子か）

と、ため息が出た。

「遅刻するわよー。早く、ご飯食べなさーい！」

という母の声で、台所に下りると案の定、その日も味噌汁に茄子が浮いていた。

茄子は、切ると中身がスカッと白い。発泡スチロールみたいに軽くて、プールのビート板のようにプカプカと味噌汁に浮かぶ。箸でちょっと押し沈めても、負けじと浮き上がってくる。全然、味噌汁と馴染もうとしないのだ。汁と馴染まないから、生っぽくてお腹の中でもこなれない気がする。

茄子の味噌汁を飲むとき、私はいつも箸の先で茄子をつついて向こうへどけた。茄子たちはプカプカとお椀の向こう岸に流れて行く。その隙に汁を吸うのだが、お椀は小さいので、茄子は向こう岸にぶつかって、すぐまたプカプカと戻ってくる。

（あっち へ行け）

箸で押しやりながら、私は忙しく汁を吸う。また茄子が寄って来る。しまいに私は、歯を食いしばって、流れ寄ってくる茄子を堰《せ》きとめ、歯と歯の隙間から、じゅるじゅると汁だけ吸った。お椀の壁に、たくさんの茄子が流木のようにへばり付いた。

「ごちそうさまー」

そのまま、席を立とうとすると、母が怒った。

「あらっ。なんでせっかくの具を残すのよ。ちゃんと全部食べなさい！」

しぶしぶ座り直し、お椀の壁にへばり付いたのを箸でつまむと、茄子は黒ずんだ汚い色に変わり果てていた。水気を弾いてプカプカ浮かんでいたのに、いつの間にかずぶずぶに味噌汁を吸ってぐったりとし、嚙んだらジュッと汁が溢れ出た。

それでも茄子の皮の質感は変わらず、歯と歯の間で、ビニールでも嚙んだようにキュッ、キュッと軋《きし》む。私はぞっとした。

だいたい、茄子のどこに存在価値があるのだろう？　味がない。香りもない。栄養だってなさそうだ。この野菜の何がいいのか、私にはわからなかった。

何がいいのかわからない、といえば、小津安二郎の映画がそうだった……。

私の生まれた昭和三十年代は、日本映

子供の頃は、きざむ音を聞くのもいやだった茄子…。

画の黄金時代だった。私はもの心つく前から両親に連れられて映画を見に行っていたし、テレビでも毎日のように映画を放映していた。石原裕次郎や吉永小百合の映画も見たし、長谷川一夫、萬屋《よろずや》錦之介、市川雷蔵の古い時代劇にわくわくした。溝口健二の『雨月物語』、黒澤明の『羅生門』が強く印象に残った。だけど、小津安二郎の映画ほど退屈なものはなかった。モノクロ画面で、動きがない。いつもちょっとだけ見て、すぐチャンネルを替えた。時代劇よりも古くさく思えた。

その退屈な小津映画が、まるで芸術作品のように論じられ、再びブームになったのは、私が大学生の頃だった。小津ブームに乗って、『東京物語』『晩春』『麦秋』などがテレビで放送された。改めて見た。

やっぱりあくびが出た……。

笠《りゅう》智衆、原節子、杉村春子が常連のように登場し、ふつうの人々が当たり前に暮らす日常が、モノクロの暗い画面の中で淡々と流れるのだ。

シルベスター・スタローンの『ロッキー』が大ヒットした年だった。アメリカン・ドリームをつかんで這い上ろうとするボクサーのドラマに比べたら、『東京物語』『晩春』など、平板すぎて五分と見ていられなかった。

（こんな映画、なにがいいんだ？）

小津、小津と絶賛する人たちは、文化人気取りの嘘つきだと思った。

それから四半世紀が過ぎた……。

最近、同年代の友人に薦められ、DVDを借りて『東京物語』を観た。

尾道から、二十年ぶりに東京へ出てきた老夫婦が、成人した子供たちの家を訪ねる物語だ。子供たちはそれぞれの生活で手一杯で、老夫婦はたらい回しにされる。老夫婦が尾道に戻って間もなく、子供たちのもとに母親の危篤を知らせる電報が届き、子供たちは尾道に駆けつけるが、母親は息を引き取る……。

見終わって、私はまたビデオ屋に走り、『晩春』を借りた。大学教授の父親のそばで身の回りの世話をし、結婚しようとしなかった娘が、周りの勧めでやっと結婚する……。

またすぐ『麦秋』を借りに走った。婚期を逸した女性が、妻と死に別れた年配の男と結婚することになり、家族が心配する……。

どれも、実にリアルな家族の物語だった。足元にある、ふつうの人生だった。全然ドラマチックではない。なのになんだか胸に迫り、ほろりとくるのである。

親の死。娘の結婚。家族の別れ。わが子も自分の家庭を持てば、親から離れて行くこと。そして、夫婦もやがては一人になること……。人には避けられない別れがある。生きている者は、変わっていかざるを得ない。

この四半世紀の間に、私も、私の周りも変化していた。私はライターの仕事を始め、父の反対を押し切って家を出た。幾度か恋が始まり、終わった。家族も変わった。父が他界し、弟が結婚して家を出、祖父母を見送り、母は年を取った。

いろいろな出会いと別れがあって、さまざまな感情が交錯した四半世紀だった。『東京物語』の中で、東山千栄子演じるおばあちゃんが、土手で孫を遊ばせながら、

「あんたが大きくなるまで、おばあちゃん生きていられるかねぇ〜」

と、つぶやく、そのやさしくて寂しい笑顔を見ながら、私は、祖母を思い出し、せつなさと懐かしさでいっぱいになり、目の前が滲んだ。

妻を亡くした老人を演じる笠智衆の、

「こんなーことならー、もっと優しくしてやればよかったー」

というセリフが、父を失った胸の寂しさに響いて、肋骨がシーンと痛んだ。

ふつうの人々の感情の機微を、これほど丁寧に豊かに紡いだ映画があったのか……。なんだか、人生の全てがそこにあるような気がした。

「そうか。小津安二郎の映画って、そういう映画だったのか……」

一人暮らしをしていた三十代の時、子供時代に母によく作ってもらった「茄子とピーマンの油炒め」、「茄子の煮びたし」、「茄子と玉ねぎと大葉の煮もの」などを、鍋にわんさと作ったことがある。

十代の頃は、味噌汁に浮かぶ茄子を、ふーふー吹いてよけていたのに、いつ頃からか、食べたいなぁと、思うようになっていた。茄子は、煮ても、焼いても、炒めてもうまかった。

「茄子って、なんて融通がきくんだろう」と、感心した。

とりわけ、秋茄子がうまかった。太陽の光をふんだんに浴びた茄子は、皮が柔らかくなり、実が引き締まっている。油で炒めると、発泡スチロールのようにふかふかしていたのが、油を吸ってぐったりとし、身がとろーっと甘くなる。

今、私はシンプルな「焼き茄子」がおいしくてたまらない。茄子を直火で焦げるほど焼き、皮を剝いて、縦に裂く。これに、生姜じょう油を付けて食べるのである。

子供の頃は、

(茄子には、味もない、香りもない)

と、思っていたが、こうして味わってみると、味があり香りもある。それは、甘い、辛いというような平板なものではなく、複雑で繊細な、味の機微である。

皮を剝いた焼き茄子は、縦に裂いた実が薄緑色にほっこりとし、中に小さなタネがあって、どこかイチジクの実を思わせる。かすかな青くささがあり、嚙むと、焼けた実がとろりと甘い。この甘さに、生姜じょう油が実に合う。それを味わい飲み込むと、からみついていた炭くさいスモークの香りがふわんと鼻に抜ける。そして、舌にかすかに残る、さわやかな後味の渋み……。

「うまいなぁ、焼き茄子は！」

と、言い言い平らげる私を見て、

「へぇ〜、あんたも焼き茄子の味がわかる年になったんだ……」

と、母が笑った。

生姜じょう油に、かつおぶしをかけると、これがまた、いまう！

七歳の得意料理

　ここだけの話だが、実は私は料理が苦手だ。わが家では、母が田舎料理や手打ちそばから、ピッツァやデコレーションケーキまで手作りするし、そのうえ弟は、洋酒に漬け込んだ木の実やフルーツをたっぷり使ったパウンドケーキなどを焼く。

　たまに母親が、

「ねえ、今日、久しぶりにカレーが食べたいのよ。作ってくれない？」

と、頼むのは、わが弟にであって、誰も私の料理を当てにしていない。私も一切、手出しをしない。

　だから、女性たちが集まりで得意料理の話で盛り上がったりすると、なんとも肩身が狭い。

「森下さんのお得意のメニューは？」

などと、話題を振られないように、そーっと自ら気配を薄くし、もっぱら食べるほうに専念している。

そんな私にも、お料理がしたくてたまらない時代があった……。七つか八つの頃だ。

あれは土曜日だった。お昼に学校から、

「ただいまー」

と、家に帰ると、台所で母の声がした。

「おかえりー。今、ポテトサラダを作ってるから、お手伝いしてちょうだい」

「うん！」

私は「ポテトサラダ」ってなんだろうと思いながらも、「お手伝い」を頼まれ大人から一人前に扱われ、頼りにされているんだと、風をいっぱいはらんだ帆のように張りきった。

母が大鍋の蓋を開けると、盛大に湯気が上がって、皮のままのじゃがいもがごろごろ現れた。母はそれに竹串を刺し、すーっと中まで通るのを確かめると、ざぁっとザルにあけた。鍋もザルも大きくて、大人の仕事はダイナミックだった。

母は、ホクホクに茹であがったじゃがいもの皮を、

「あちち、あちち」

と言いながら、手で剝いた。

私は、母が剝いてボウルに入れたじゃがいもを潰す係だった。マッシャーという、初めて見る調理器具を持たされた。

マッシャーをぎゅーっと押しつけると、じゃがいもの形が、日向の雪だるまのようにぐずぐずと崩れ、底に開いているたくさんの穴から、にゅっと出てくる。湯気が上がり、鼻の奥で茹でたじゃがいもの甘い匂いがした。

おもしろくて、夢中になった。

「あまり全部潰しちゃ駄目よ。少し残してね」

完璧に潰れてクリーム状に練られてしまったポテトサラダよりも、あちこちにじゃがいもの形が残っているくらいのほうがおいしいから、と言いながら、母は魔法のような包丁さばきで、
すとととととととッ
と、キュウリを刻む。キュウリはたちまち、薄い小口切りになった。

銀杏切りにした人参は茹で、小口切りのキュウリとスライスした玉ねぎは、塩もみして水にさらした。林檎は銀杏切りに、ハムは細切りにした。

「これで混ぜて」

「うん」

私はしゃもじで、じゃがいもと具を混ぜ合わせた。白いホーローびきのボウルを抱え、一生懸命、混ぜる。そのしゃもじの重さに、「仕事を任された」という手ごたえを感じた。

母が、塩、胡椒とマヨネーズで味を調えた。

「味見してごらん。どう？」

「……おいしい！」

じゃがいもがクリーム色の春泥《しゅんでい》のようにもったりとし、それでいながら、あちこちに丸くなった角が残っていた。

じゃがいもの泥にまみれた小口切りのキュウリは、シャキシャキと小気味よい歯ざわりで、茹でた人参は滋味深く甘い。しんなりしてポテトの泥と見

当時は、どこの家にも白いホーローのボウルがありました。

分けがつかなくなった玉ねぎのスライスも、独特のツンとくる匂いを発しながらサリサリと音を立てた。林檎はシャリシャリとして甘酸っぱい香りがし、細切りのハムがうまみを出していた。それらが、自然で優しい甘みの、もったりとした白い泥にまぶれ、程よい塩加減と胡椒の香りと、マヨネーズの酸味を残しながら、喉の奥に消えていく……。

母は、それでサンドイッチを作ろうと言った。食パンのバターを私が塗った。ポテトサラダは、食パンに挟まるとなぜか一層おいしさが増す。私は、その日のポテトサラダ・サンドイッチほどおいしいサンドイッチを、その後も食べたことがない。

母は、何度も何度も、

「おいしいね、大成功だわ」

と笑った。私は、母から感謝された気がして、胸にふつふつと歓びとやりがいを感じた。

その日の午後、母が買い物に出かけ、私が一人で留守番しているところに、母の妹である叔母がやってきた。

叔母はその頃、編み物教室に通っていて、帰りに時々うちに立ち寄った。

私は叔母の顔を見るなりたずねた。

「おばちゃん、おなかすいてない？」

叔母は、ぺこぺこだと言った。

「私がサンドイッチ作ってあげる」

「典ちゃん、作れるの？」

「できるよ」

私は颯爽《さっそう》と台所に立った。今の私は母のお手伝いではない。自分が作って、人に食べさせるんだという気概を感じた。

手順は、母と作ったのと同じだ。まな板の上に食パンを四枚ぺたぺたと並べ、一枚一枚にヘラでバターを塗った。大鍋からお玉で、ポテトサラダを取り出し、そのパンの上にごってりと載せた。できるだけ平らにならそうとするのだけれど、ポテトサラダはうまく均等にならない。部分的にごろごろしたり、ぺっちゃんこになったり、ひどい凸凹《でこぼこ》になった。その上から、もう一枚の食パンを無理やりかぶせた。寝相の悪い人に、掛け布団をかけるみたいだった。

凸凹したパンを上から手でギュッと押さえつけ、パンの耳をそろえて、包丁で切り落とした。さらに斜めに包丁を入れて、三角のサンドイッチを作った。

食パン四枚で、三角サンドイッチ四切れ。白い食パンの上に、私が押さえつけた指の跡がべたべたといっぱい付いた。ところどころで縁からサラダがはみ

残ったパン耳を、油で揚げて
おやつにしたものです。

出し、極端に分厚いところと、具のほとんどないところができた。

私は皿に載せて差し出した。私はこの光景とこの時の気持ちを、はっきりと覚えている。サンドイッチを、叔母は「いただきま〜す」と、両手で持って、三角の角から口に入れた。口を動かしながら、たちまち目を輝かせ、一切れ食べ終わるや息継ぎなしで二切れ目をサッと口に入れた。そのまま、三切れ、四切れと飲むように平らげ、

「あーっ、おいしかったぁー！　典ちゃん、ごちそうさまーっ」

と、心の底から搾り出すように言った。

私の作ったものを、大人が食べた。「おいしい」と喜んだ。自分は大人の役に立つ……。嬉しく、誇らしく、少し背が伸びたような気がした。私はお料理する喜びを知った。

それから私は、母が台所にいると、自分から、

「私がお手伝いする」

と、言うようになった。力を貸してあげるつもりだった。

ところが、忙しそうな時ほど、母は、

「あっちへ行ってなさい」

と、私を追い払った。

「危ないから」、「あんたには、まだ無理だから」、「邪魔だから」とも、言った。

せっかく助けてあげようと思ったのに……。

ある日、ハッと気がついた。

本当は、母は少しも私を頼りになどしていない。「お手伝い」というのは、あれは、子供にできる簡単な仕事をやらせて、遊び相手をしてくれていたのだ。私はあしらわれていたのだ。

(そうか！　私は、結局、邪魔で小さな、ただの子供だったんだ……)

一人前に、大人に力が貸せると自負していたのに、大人と子供の差はこんなにも大きかったのだ。私は落胆した。

やがて、台所で何かしようとすると、

「宿題はやったの？」

と、問いただすような声がかかるようになった。小学校高学年になると、中学受験のための勉強が始まった。

「そんなことしてる間があったら、勉強しなさい！」

が、母の決まり文句だった。台所で何か作ろうとすると、背後から、そのセリフが飛んでくる。そのセリフを聞くと、私は何か悪いことをしているところを見つかったかのように、ギクリとなった。そして、ギクリとした後は、猛烈に腹が立ち、ドアをバンッと閉めて二階へかけ上がった。くさくさした。勉強なんかするもんか。反抗期だった。

結局、大学受験が終わってからも、私はほとんど料理をしなかった。

そして、その後は、仕事の忙しさを言いわけに、自ら台所に近づかなかった。気が付くと私は、料理のできない女になっていた。

先日、叔母が遊びに来た。若い頃編み物学校に通っていた叔母も、六十歳を過ぎ、勤めを定年退職している。

その叔母がこんな思い出を口にした。

「むかし、典ちゃんが作ってくれたポテトサラダのサンドイッチを、今でも思い出すのよ。小さな指の跡がいっぱい付いていて、分厚いところと、薄いところがまちまちにあってね……」

その時、胸の奥で忘れ去っていた何かがキラリと光った気がした。自分が作ったものを、「おいしい」と喜んでもらえた七歳の誇りと歓びが、まだ、どこかに残っている。久しぶりに、ポテトサラダ・サンドイッチを作ったら、あの気持ちを取り戻せるだろうか……。

鯛焼きのおこげ

お茶の先生が差し出した菓子器の蓋をあけて、一人の生徒が、

「あーっ、人形町の鯛焼きだ!」

と、声を上げた。

人形町の鯛焼き?

鯛焼きなんて、どれもみんな同じ格好だろう。一目で、どこのかがわかる鯛焼きなんてあるのだろうか?

私は彼女の声につられるように菓子器を覗いた。

「えっ」

魚拓に見えた……。鯛の輪郭が焦げて真っ黒い。ヒレの一部は焼け落ち、ウロコのあちこちにも炭がついている。

こんがりキツネ色の鯛焼きを想像していた私は、墨汁で描いたような鯛焼き

私はなぜか、背びれから食べたくなります。
あっ、あっ、こういうとこ！

に驚いた。焼け焦げと一緒に目に飛び込んできたのは、まわりの「みみ」である。

昔、プラモデルのパーツのまわりに、型からはみ出たプラスチックのバリが、ギザギザになってくっついていたのを思い出した。

鯛焼きの金型をパタンと閉じ合わせた時、タネが型の合わせ目からはみ出たのだろう。隙間に挟まれたまま焼けて、薄焼きせんべいになっていた。「みみ」が、鯛のまわりに大陸棚のように張り出して、鯛が大きく見える。

私は、こういう焼け焦げや「みみ」にとてもヨワい。わきあがるいとしさを押えきれず、

(あっ、あっ、ここがおいしそう!)

と、くらいつくように見つめてしまう。

「さあ、冷めないうちに、早く召し上がれ」

その鯛焼きは、まだほんのりと温かかった。

「いただきまーす」

鯛の背びれの外にはみ出した「みみ」の端っこが黒く焼けている。私はそこに歯を立てた。

バリッ!

いい音がして、焦げ臭さの混じった香ばしい匂いが、ぷう～んと漂った。

皮が薄く、パリパリとしている。そのパリパリした薄皮が破れ、中にずっしりと詰まった粒餡が見えた。

弾力のある粒餡で、小豆の皮に歯ごたえがある。甘さは控えめ。餡子というより、煮豆の素朴な味がする。

鯛の腹からはみ出した粒餡が、金型に挟まって「みみ」と一緒に黒く焦げているのを見つけた。そこにまた、思いがつのる。

（あっ、あっ、ここ……）

尻尾の先は揚げ煎餅のように香ばしく、皮のほのかな塩けが口の中に残った。

「やっぱり、人形町のはおいしいわね」

「さすがは、東京の三大鯛焼き」

「三大鯛焼き？」

「あら、知らないの？」

おいしいものに詳しい生徒の一人が、麻布十番の「浪花家総本店」、四谷の「わかば」、そして人形町の「柳屋」と、教えてくれた。

「ふうん」

数ヵ月後、たまたま人形町の「甘酒横丁」という商店街を通りかかったら、通りに行列のできている店があった。間口の狭い小さな店で、「高級たいやき柳屋」と、赤いのぼりが立っていた。

「ここかぁ」

最後尾に連なった。行列はなんと、ウナギの寝床のような細長い通路の奥で折れ曲がっていた。

「うわぁ、こんなに並んでるの?」

「三十分待ちは当たり前ですよ」

と、前の客が振り返った。

それでも誰も文句を言わない。そのわけがすぐにわかった。白い上っ張りを着たご主人が、店先に立ったまま一匹一匹鯛焼きを手で焼いている。それを見ていると飽きないのだ。

実に手早いが、動かしているのは手だけではない。足を前へ後ろへ忙しく踏みながら、拍子をとっている。

きっと何十年も毎日、店先に立って忙しく鯛焼きを焼いているうちに、いつの間にかこのステップができあがり、ステップを踏まなければ鯛焼きが焼けなくなったのであろう。

炭火で鯛の金型を焼く。いかにも年季の入った真っ黒い金型である。それに、

人形町甘酒横丁の名物。
高級
たい焼
柳屋
ここに行列してるから、すぐわかります。

お玉で白いタネをサッと流し込む。白いタネが金型にまわったら、餡子を「えっ、こんなに?」と思うほど盛り、パタン、と金型を閉じる。

ブニュッ!と、タネが溢れる。ダラダラと流れたタネに火がつき、ぼうぼうと長い炎が上がる。

焼けた頃合いの金型をパカッとはずし、目の前の金網にボン!と放り込む。鯛焼きは、網の上でまだぼうぼうと長い炎を上げている。

それを、白い三角巾のおばさんが軍手でさっとつかみ、炎を手で消して、黒く焦げた「みみ」をパキパキと折り取る。

(あーっ! おばさん、私、その「みみ」が好きなのにぃー)

心の中で、叫びながら、おばさんの足下に何気なく目をやった。タイル貼りの床は、炭化した「みみ」で真っ黒だった。

人が手で焼く鯛焼きは、同じように焼こうとしても、それができない。はみ出す。焦げる。餡子が偏《かたよ》る……。同じ金型で焼いたのに、一匹一匹、少しずつ事情が違う。

人間はそういう事情に味わいを感じる生き物なのだ。餡子がはみ出ただけでなく、それが型の隙間で煎餅のようにぺちゃんこになって、さらに、黒く焦げていたりすると、当たりくじでも引いたように嬉しくなり、

「あっ、あっ、ここ、ここ！」

と、たまらないという様子で身をよじる。

人だってそうだ。どこかがはみ出したり偏ったりして、一個一個できが違うし、そのデコボコがあるからこそ、他人から可愛がられたり愛されたりする……。

順番がやってきた。

「十個ください。それから、一個、ここで」

「はい」

おばさんが、焼きたての熱々を経木《きょうぎ》で包み、さらに包装紙で包んでビニールの手提げ袋に入れてくれた。

一つだけ別にしてもらった焼きたてを、フーフー吹きながら通りで頬張る。ついさっきまで炎を上げていた「みみ」が、パリッとして香ばしい。ところどころ黒く焦げた皮……。

あっ、あっ！

カレーパンの余白

取材の帰り道、新宿駅の東口を歩いていたら、突如、カレーパンの大きな写真が目に飛び込んできた。

「あ……」

雑踏の中で、親戚のおばちゃんの笑顔に出会ったような安堵感を覚え、思い出したように空腹を感じた。

そこは〈新宿中村屋〉。カレーの老舗である。

写真は、カレーパンの断面のアップで、まわりのパン粉はキツネ色。穴の奥の、小さな人参やお肉にまぶされたルウの暗褐色を見ただけで、鼻先に黄金のスパイスの香りが漂った気がした。

「店内で揚げたてを販売しております」

という貼り紙につられて、吸い込まれるように入った。

私は調理パンを買う時は、

「今日は、カレーパンとコーヒーロール」

「今回は、カレーパンとクリームパン」

というように、カレーパンを軸に、ぐるぐるとメニューを替えている。今日こそ、違うパンを買うぞと固く決心してパン屋に入っても、トレイとパン挟みを手に行列に並び、カレーパンの前に来てあの褐色のパン粉に包まれた姿を見ると、どうしてもつかまずにいられないのだ。

　カレーパンは、揚げたての熱々のも、コンビニの棚の冷めたのも、おいしい。私はいまだかつて、まずいカレーパンというのに出会ったことがない。

　中村屋のガラス張りのコーナーで、店員さんが油のプールのようなフライヤー

の中からカレーパンを引き上げ、すぐ横で販売していた。

鶏のひき肉を使った〈カリーパン〉(百五十円)と、〈ビーフカリーパン〉(二百五十円)の二種類。パンの上に、楊枝でオリーブが一個刺してある。名前も、カレーでなくカリーというところが、老舗らしい。

「ビーフカリーパン一つ」

「すぐお召し上がりになりますか?」

「今ここで、食べます」

店員さんは、パラフィン紙の小さな袋に、揚げたてのカレーパンを一個挟み、

「熱いので、お気をつけください」

と、手渡ししてくれた。パリパリとした薄紙のあちこちが油取り紙のように半透明に透け、紙ごしに熱が伝わってくる。手に油がつかないように、紙でカレーパンの下半分を押さえ、齧りやすいように頭だけを出した。

揚げたてのカレーパンは、耳を澄ますと、まだ表面で揚げ油がチリチリと騒ぐ音が聞こえる。褐色のパン粉も一つ一つが尖り、いきり立って見える。私は、痛くないように思いきり大きな口を開けて、カレーパンに頭からかぶりついた。

さくっ、という感触と同時に揚げ油の甘い匂いがふぁ〜んと漂い、パン粉がチクチクと口や頬を刺した。幼い頃抱っこしてもらった時の、父の伸びかけた

髭の痛さを思い出した。

　カレーパンは、一口齧っただけではカレーが見えないことがある。齧り取ったあとが、まだパンなのである。私の経験では、三回に一回くらいの割合でそういうことがあるが、そういうカレーパンも好きだ。カレーパンの、パンそのものには、かすかに甘みがある。揚げ油の味なのか、それとも気のせいなのか、ほんのり甘くてこれがカレーの鮮烈な風味と不思議にマッチするのだ。

　この日、一口齧りとったあとを見ると、潰れたパン生地がふわーっと広がり、そこに小さな口が開いた。縁に黄色のついた穴から、たちまち風が吹きつけるようにスパイシーな香りが広がった。

　カレーの匂いは人を支配する。その匂いにつかまったら、もう他のどんな食べ物も思い出すことができなくなる。

（あーっ、この匂い！）

　私はカレーの匂いの命ずるままだ。

　もうパン粉のチクチクも、なんのその。本能のまま、むさぼりつく。

　パン粉が顔のとんでもないところに付こうが、セーターの胸にこぼれようが構わない。うす甘い揚げパンと、サリサリとしたパン粉の食感が、強いカレー味とからみ合う。その中で人参の甘み、玉ねぎの繊維質、じゃがいもの食感、牛肉のうまみが、急に接近してきたり、混じり合ったりする。それがこの世の全てになる。

夢中である。無心である。笑ったつもりもないのに、

「ふふふッ」

と、声が出てしまう。

ところで、私はカレーパンの穴の中に、満々と隙間なくカレーが詰まっているのを見たことがない。大抵、底にカレーが溜まっていて、その上に、まだかなりの空間があいている。洞窟風呂みたいに、巨大なほら穴がぽっかりと広がって、底にわずかなカレーが塗られている場合もある。

この空洞はなんだろう？

私は長い間、

パン
半分食べた頃には、あちこちパン粉だらけ。

（カレーをケチって、姑息《こそく》に利益を上げているのだろう）

と、思っていた。いつ、どこで買ったカレーパンにも必ず空洞があるので、つくづく商人の良心というものを疑ったものだ。

いい年になってから、友達に、

「あの穴は、油で揚げる時にパンが伸びて自然にできるのよ。熱で中の空気が膨張するじゃない」

と、聞かされた。

そう言われてみれば、確かに、揚げたてのカレーパンは、ぽんぽんに膨らんでいるが、時間のたったカレーパンは、中心部分がひしゃげて皺になり、「ポパイ」のしゃくれた顎のような人相をしている。

あれは、中の空気の収縮がなせるワザで、揚げた時、空気の膨張がカレーパンの空洞を作っていたのである。パン屋さんを疑って申し訳ないことをした。

「ばかねぇ。知らなかったのぉ？」

と、友達に笑われた。

しかし、本当にそれだけなのだろうか？

カレーパンは昭和二年に、東京・江東区にあるパン屋さんによって作られたと聞いたことがある。

それから八十年もの間、カレーパンを齧りとるたびに、そこにはいつもぽっかりと空洞があいていたのだ。

たまたまできて埋められることなく、あるがままそこに八十年もあいている穴は、なんだか意味ありげに思える……。

ある日、カレーパンを齧って、私はふいに膝を打った。

もし空洞がなくて、みっちりとカレーが詰まっていたら、思いきりかぶりついた途端に、押されたカレーがぶにゅっとパンを突き破って飛び出すかもしれない。黄色いカレーが飛び散って、カシミアのセーターの前を汚すかもしれない。すると、カレーパンは本能に任せて無心にかぶりつくことのできない危険な食べものになる。なんでも中身がみっちりと詰まっていればいいわけではないのだ。

だいたい、カレーパンの中にみっしりとカレーが詰まっていたら、パンの量に対してカレーが多過ぎる。味のバランスもとっているのだ。

私は、カレーパンを齧りとった一口目で、小さな穴から風のように吹き出す最初のカレーの香りを思った。あれは、空洞の風に送り出されてくるのではないか。

調理の過程でたまたまできてしまった一見無駄に見えるその穴が、実はカレーパンをおいしくしていたのかもしれない。それがわかっているからこそカレーパンは今日まで、中に空洞のあるがまま、なのではないだろうか。

これが「余白」というものかもしれない。「余白」を大事にする日本人だからこそ、こういうパンが愛されてきたのかもしれない。

そう思うと、ぽっかりあいた空洞まで、いとおしい。

かなしきおこわ

「たくさん作ったから……」

ご近所の奥さんがお盆を持ってやってきた。布巾を取ると、お皿の上に三角形に握られた赤紫色のおにぎりが五つ、並んでいた。

おこわのおにぎり……。

「まあ、いつもすみません」

と、お礼を言いながら、口の中がかすかに苦くなった。

おこわのおにぎりを見ると、ちょっとかなしくなる。だから私はずっ

おめでたい食べものなのに、私にはちょっとせつない。

と、それがおこわの味なのだと思い込んでいた。

だけど世の中には、おこわが大好きだという人が結構いる。昔から、おこわ、赤飯といえば、お祝いの時に炊くおめでたい食べ物だ。コンビニのおにぎりの棚でも、おこわのおにぎりはよく売れるらしい。

……ということは、かなしくて苦いのは私の内側であって、おこわ自体に罪はない、と気づいたのは四十をとうに過ぎてからである。

そう気づいてみれば、奇妙なことに、重箱に入ったおこわやお茶碗によそったおこわは、それほどかなしくもない。おにぎりの形をしたおこわだけが、かなしく苦いのである。

なぜだろう？

あれは、小学校六年の時だった。私の通っていた小学校は中学受験をする生徒が多く、週に二回、午後の授業が終わった放課後に入試のための補習授業があった。

小学校六年生といえば育ちざかりである。午後の授業の後は、みんなおなかがすいている。そこでお母さんたちが交代で当番になり、補習授業の前に「おやつ」を出してくれることになった。

午後の授業が終わる頃、長い廊下の向こうから牛乳瓶の触れ合う音が、
カチャカチャカチャカチャ
と、近づいてくる。するとみんな、

『おやつ』が来た」

と、そわそわした。先生が黒板に向かっている隙に、一番後ろの席にいる男の子が、廊下を覗く。声をひそめて、

「おい、いなり寿司とフルーツ牛乳だぜ」

と、前の席の子に伝える。その小声の伝言が、

「いなり寿司とフルーツ牛乳だってさ」

と、さざなみのように教室全体に伝わる。

「崎陽軒《きようけん》の横濱チャーハンと牛乳」

「茶巾《ちやきん》寿司とパンピーオレンジ」

「アンパンとコーヒー牛乳」

など、いろいろな「おやつ」があったが、最も頻繁に登場したのがおこわのおにぎりだった。

「あれはさぁ、担任の中田先生が、おこわのおにぎりが大好きだったから、お母さんたちが気をつかったんだよ」

と、大人になってから同窓会で聞いた。

おこわのおにぎりは、生徒には不人気だった。

「なんだ、またかよぉ」

と、飽き飽きした声を出す子もいた。

「あたし、いらない」

「おれ、食っていい？」

と、教室のあちこちで、よく、おにぎりのやりとりが起こった。

いらないからあげるのではなく、あげたいから、あげる場合もあった。女の子が、わざわざ離れた席まで行って男の子に、

「これあげる」

と、おこわのおにぎりをさし出す……。

四十人のクラスに男子二十四人、女子十六人。小学校六年生は、異性を意識し始める年頃だった……。

私にも好きな男の子がいた。名波君と言った。どことなくアライグマを思わせる顔をした子で、黒飴《くろあめ》のように濡れ光る大きな瞳に、濃く短いまつげが映っていた。彼のシャツの襟《えり》には、いつもきちんとアイロンが当たっていて、やや鉢《はち》の広がった頭の後頭部の癖っ毛が、大きく渦を巻いていた。

名波君とは三年生の時、一度、席が隣同士になったことがあり、一緒に日時計の影の長さを測る実験をした。

その時から私は名波君に、もわもわした感情を持ったが、そのもわもわをどうしたらよいのかわからず、名波君を何かにつけ、ぶったりしたのだった。

その後、彼とは席が離れて話をすることもなくなってしまった。

六年生の教室では、名波君の席は私の三列離れた斜め前で、黒板の方を見ると自然に名波君が視界に入った。私はいつも斜め後ろから、鉢の広がった頭の後頭部の癖っ毛を見ていた。

同じクラスに、さばさばした性格の男の子っぽい女の子がいた。ワッコと言った。ワッコは、

「おめえ、名波が好きなんだろ」

と、からかわれると、「うるさいわねっ」と、男の子をぶったが、顔が赤くなっているのを私は見逃さなかった。

ある日「おやつ」の時間に、また、おこわのおにぎりがやってきた。教室のあちこちがざわざわし、「またかぁ」「いらない」「もらっていい？」などという声が聞こえた。

ざわめきの中で、ワッコが動くのが見えた。すーっと名波君の席に近寄り、

パンピーオレンジは、あの頃の人気者でした。

おこわのおにぎりを置き、何か言った。いつも男の子っぽい彼女が、女の子の顔をしていた。名波君の横顔が、にこっとした。

私は胸が波立った。思わず立ち上がり、彼のところへ行って、斜め後ろから声をかけた。

「名波君……」

片手に食べかけのおにぎりを持ち、片方の頰を膨らませた顔がくるりとこちらを振り返った。

「これあげる」

私はおこわのおにぎりを、彼の目の前にぐいと差し出した。すると、彼は、

「そんなにいっぱい食えねえよ」

と言い、「おえ〜っ」と、吐く真似をした。

「………」

私は、おにぎりを持ったまま突っ立って、ぼーっと名波君を見ていた。しかし、ぼーっとした顔の下の、胃のあたりのどんよりと切ないかなしみは、小学校六年生も大人の女も、同じだと思う。

私は席に戻って、食べてもらえなかったおこわのおにぎりを、自分で食べた。なんだかいつものとは味が違っていた。小豆の皮が破れると、中から苦いも

のが、ぼろっと出てきた。しょっぱいはずのごま塩の塩粒も苦い。私は半分食べ残した。

それ以後私は、おこわのおにぎりというのは、かなしく切ない、苦い味の食べ物なのだと思ったまま生きてきた。思い込みとはおかしなものだ。

中年になってその思い込みも薄らぎ、私もおこわのおにぎりを食べるようになった。きれいな小豆色に炊き上がったピカピカのおこわはもちもちし、おいしそうだ。ところどころで、プチンとゴマがつぶれた香ばしさや、塩粒の味をツンと感じたりする。

だけど、あの苦さも、やっぱり残っている。かすかなほろ苦さになって、私の食べるおこわのおにぎりに、切なく懐かしい味を付けている。

あの時、おこわのおにぎりは食べてもらえなかったけれど、それでも私は名波君が好きだった。斜め後ろの席から見ているだけで、何も言えないまま卒業式を迎え、それきり、彼には会っていない。

何年か前、同窓会で恋敵《こいがたき》だったワッコに会い、名波君の思い出で盛り上がった。

彼は、お医者さんになって、地方の病院に勤務していると、風の便りに聞いた。

幸せの配分

私はハマっ子なので、もの心ついた時には崎《き》陽軒《ようけん》のシウマイ弁当を食べていた。旅行のときはもちろん普段でもよく買って帰り、家で食べていたから、今までに食べた数は軽く三百は超えていると思う。

横浜駅構内にある崎陽軒の売店には、〈シウマイ娘〉という真っ赤なチャイナドレスの売り子さんがいる。たまの旅行で、伊豆、箱根に向かうとき、東海道線の下りホームの売店

ちゃんと蓋がしてあるのに、シウマイの匂いがもれてきて、たまりません。

でシウマイ娘さんに、

「シウマイ弁当とお茶ください」

と言うとき、私はいつも、

(今日はすぐには食べないぞ)

と、決心する。電車が大磯、二宮あたりまで行き、車窓にのどかなミカン畑や相模湾が見えてからお弁当を広げて、旅の気分を味わおうと思うのだ。

ところが、シウマイ娘さんが手渡してくれた手提げ袋の底に手をやった途端、折りの底からご飯のぬくもりがホカホカと手に伝わってくる。電車のボックス席に座り、手提げ袋を膝の上に載せたりすると、太腿がホカホカし、同時にぷう〜んとシウマイの匂いが漂ってくる。

この誘惑に私はどうしても抗《あらが》えない。たちまち陥落《かんらく》し、電車がまだ横浜駅のホームを抜けきらないうちから、もう折り箱の紐《ひも》を解き始め、蓋を剝がし、割り箸をパチンと割って食べ始めてしまう。いまだ一度も、ミカン畑と相模湾を眺めながら食べたことはないのだ。

シウマイ弁当を食べるとき、私はいつも解いた紐を八つに折って結ぶ。それから掛け紙を取り、折りの蓋をベラッと開ける。蓋の裏にはたいてい飯粒が数粒くっ付いているから、その飯粒を割り箸で丁寧にこそいで食べ、きれいになった蓋と掛け紙を折り箱の底に敷く。そうすると、電車の狭い座席まわりを散らかさずに食事をすることができる。長年シウマイ弁当を食べるうちに、おのずとできあがった作法である。

シウマイ弁当のご飯は、実にうまい。飯粒が一粒一粒光っていて、冷めてもちゃんとおいしいのだ。それが、茶畑のように畝《うね》になっていて、畝ごとに黒胡麻が振ってあり、真ん中に緑色の小梅が一粒埋め込まれている。

折りは、「ご飯の部屋」と「おかずの部屋」に仕切られているが、それは、ありがちな七対三でも六対四でもない。目測《もくそく》であるが、四・五対五・五くらいに仕切られている。シウマイ弁当を食べるたびに、私にはこの折りの配分が崎陽軒の意志を物語っているように思えてならない。

「うちの〈シウマイ弁当〉には、シウマイだけじゃなく、盛りだくさんにおかずが入っている。その多彩な味を楽しんでもらいたい」

「でも、おいしいおかずを食べれば、おいしいご飯が欲しくなるものだ。自慢のおいしいご飯もたっぷり食べてもらいたい」

双方一歩も譲れないせめぎ合いがあって、「う〜ん」と散々唸った末に決まったのが、ご飯とおかずの仕切りのこの微妙な位置なのではないだろうか。

おかずの部屋は、限られたスペースの中に実に盛りだくさんである。なんたって主役のシウマイ五個。崎陽軒のシウマイは、「ホタテの貝柱を使っている」とかで、本当に冷めてもおいしい。そして主役に劣らぬ存在感の、鮪《まぐろ》の照り焼き一切れ。カリッと揚がった香ばしい鶏の唐揚げ一個。かまぼこ一枚。味のよく染みた賽《さい》の目切りの筍煮。玉子焼き。甘酸っぱいあんず一個。小さなしょう油入れと、カラシもちゃんと付いている。

（しょう油入れと言えば、崎陽軒のシウマイの折り詰めに入っている「ひょうちゃん」は昔から有名だ。ひょうたん形の小さな白い磁器に一つ一つ、怒った顔、笑った顔、泣いた顔などが描いてあり、どんな顔が出てくるか、箱を開けるのが楽しみだった）

そしておかずの部屋の隅っこの、小さい三角のコーナーには、千切りの生姜と切り昆布の佃煮も入っている。

わずかはがき一枚ほどの敷地のおかずの部屋に主役、準主役がいて、蒸し物、煮物、焼き物、揚げ物と揃っている。途中で気分を変えるための、名脇役の漬物や佃煮。それにあんずというデザートまで付いている。

無駄なものも埋め草もない。あれも食べてもらいたい、これも食べてもらいたいというおかずを削って削って、でもすべて取り揃え、味の箱庭に仕立ててあるのだ。

シウマイ弁当を食べる時、私はおかずやご飯の量を目算しながら、五個のシウマイを配分よく食べようと工夫している。

まずはしょう油入れの蓋を開け、シウマイの上に、チョンチョンチョンと、まんべんなく垂らす。鮪の照り焼きの上にも垂らす。そして最初に、主役のシウマイを一つ食べ、その変わらぬうまさに幸せを嚙み締める。残るシウマイは四個。おかずの最後もまたシウマイで締めたいから、一個は最後までとっておいて、残り三個を、他のおかずの合間に、等間隔に配分して食べる。すると、幸せがずっと続くようで嬉しい。

鮪の照り焼きも、鶏肉の唐揚げも、主役に劣らずうまい。おかずを一口食べたら、ご飯を一口。またおかずを食べて、ご飯を一口……。

その合間に時々、漬物や佃煮で「ちょいな、ちょいな」と、合いの手を入れる。こうすると、中だるみも退屈もなく、最後までお弁当の充実感が続く。

こんな人生だったら最高だな、と思う。つまり私は、シウマイ弁当の箱の中に、理想の人生を実現しようとしているのかもしれない。初っ端《しょぱな》と締めに大きな幸せがあって、途中にも、入れ代わり立ち代わり違う味の幸せがやってくるのだ。その狭間に味わうご飯は、しみじみおいしい普段の暮らし……。

そんなことを考えながら、私は最後までとっておいた大事なシウマイを味わう。おかずの部屋にはデザートのあんずが一個、残る。その甘酸っぱさにちょっと顔をすぼめ、それから、ご飯の部屋に一粒残った小梅をコリコリと齧る。すると、口の中が実にさっぱりする。シウマイ弁当は、計算し尽くされている。

こうして飯粒一つなくきれいに空っぽになった箱の中に、小梅の種一つだけが残る。私は再び蓋をして掛け紙をかぶせ、紐を結ぶ。元どおりに包み直したシウマイ弁当の空箱の中で、小梅の種がコロコロと転がる音を聞くとき、わが人生も、完璧に思える。

折り詰めのシウマイに入っている「ひょうちゃん」のしょう油入れ。
箱をあけたら、どんな顔が出てくるか、楽しみです。

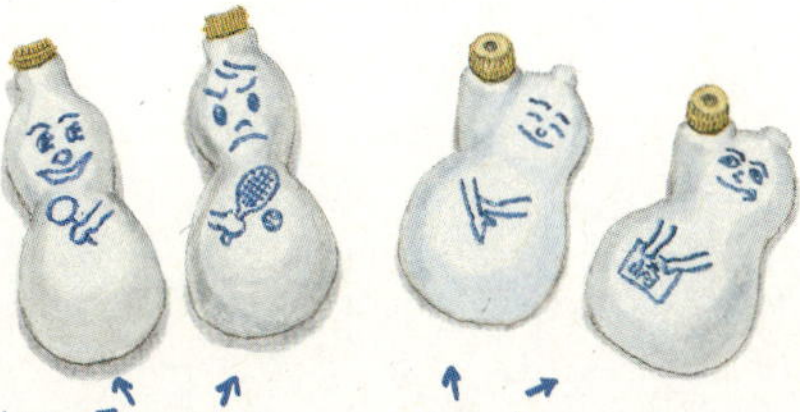

これは二代目、原田治さん、　こっちは初代、横山隆一さんデザイン。

おはぎのおもいで

子供の頃、お彼岸がやってくると、両親に連れられて墓参りに行き、その帰りにはちょっと足を伸ばして、父方の祖父母の家に立ち寄った。祖母は大騒ぎをして玄関先まで出迎えてくれ、茶の間にはいつも重箱が置いてあった。その中に「おはぎ」がどっさりとこさえてあった。

祖母のおはぎは大きかった。それを小皿に取って私に勧め、

「子供は遠慮なんかしないの。たくさん食べなさい」

と、言ったが、私は正直、おはぎが苦手だった。ごはん粒（もち米）に餡子がくっついているのが、なんともイヤだったのだ。

祖母はよく「半殺し」とか「皆殺し」とか、物騒な言葉を連発して父や母を笑わせた。祖母の生まれた地方では、もち米の粒が残る程度に、すりこぎで「半づき」にすることを「半殺し」といい、粒がなくなるまでつくことを「皆

殺し」というのだそうだ。

祖母のおはぎを一番喜んだのは父だった。箸をどんどん重箱に伸ばした。父は羊羹を肴に酒を呑む「両刀使い」で、餡子ものが大好きだった。きっと祖母も本当は、久しぶりに帰って来る父に食べさせたくて、朝から張り切っておはぎを作ったのだろう。

私は、出されれば食べるけれど、心から（あぁ、おはぎが食べたい！）と、思ったことは一度もなかった。


二〇〇六年の初夏、雑誌の仕事で、映画の試写会に行った。黒木和雄監督の『紙屋悦子の青春』という映画だった。

舞台は鹿児島。敗戦の色濃い昭和二十年の物語である。ヒロインの紙屋悦子（原田知世）は、東京大空襲で両親を亡くし、兄夫婦の家に身を寄せて、つつましく暮らしている。

彼女には心ひそかに慕っている青年がいる。兄の後輩である海軍航空隊の明石少尉だ。ところがある日、彼女に縁談が持ち上がる。その相手は、よりにもよって、明石少尉の親友、永与少尉（永瀬正敏）だった。

実は、明石少尉も悦子に思いを寄せているが、特攻隊として出撃することが決まったので、思いを胸に秘めたまま、悦子を親友の永与に託そうと、縁談を勧めたのだった。永与は同じ海軍航空隊の整備兵。彼もまた、悦子に思いを抱いていたし、生き残る確率が高かった。

見合いの日、悦子の家の庭の桜が咲いていた。明石と永与がやってくると、茶の間の卓袱台の真ん中に、布巾をかぶせたおはぎがてんこ盛りに載っていた。配給の中から節約して大事にとっておいた貴重な小豆と砂糖を使い、悦子は二人の青年をもてなすためにおはぎをたくさん作ったのだった。なけなしの貴重な食材でこさえたおはぎと、とっておきの静岡のお茶。それが精一杯のもてな

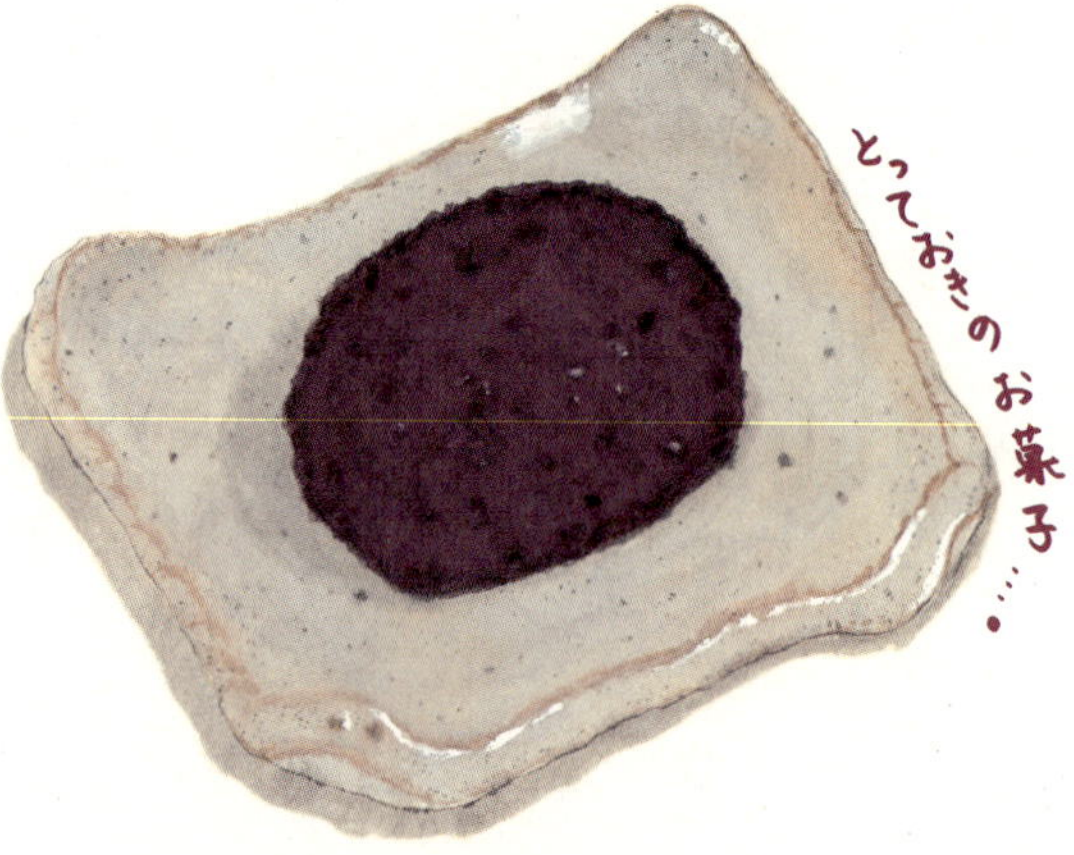

しだった。

　てんこ盛りのおはぎを挟んで、誠実で愚直な二人の青年と、美しい女性の、微笑ましくもゆかしいやりとりが、この映画のメインのシーンである。

　悦子が留守をしている間に、青年二人はそーっと布巾をめくって見る。

「『おはぎ』たい」

「悦子さんが作ったとなら、間違いなくおいしかたい」

　それなのに、悦子の前では、二人ともやせ我慢して、なかなかおはぎに手をつけない。

「おはぎ、嫌いだったとですか？」

　と、悦子に言われると、

「好きですたい」

と、まっしぐらに手を伸ばし、大きな「おはぎ」をまるで飲み込むように食べ始める。一つ食べ終わるや、すぐさま二つめに手を伸ばしかけ、ハッと我に返って手を引っ込めるが、悦子に「どうぞ」と勧められ、ホッと安心したように二つめを食べる。

若者らしいぎこちなさと、コミカルなやりとりに、試写会場のあちこちからクスクスとさざ波のように笑いが起こった。

日本人の誰もが、焼けつくような空腹を抱えていた時代。おそらく、もう長いこと甘いものなど口にしたことがなかった二人の青年は、この世にこれほどおいしいものがあるのかという幸せそうな顔でおはぎをむさぼる。

この時代の人にとって、おはぎとは、そういう食べ物だったのだ……。

見合いの席から、明石は姿を消し、悦子と永与は二人きりになる。明石の思いは、悦子にも永与にもわかっているのだ。その日、悦子と永与は将来の約束をし、明石は数日後に特攻隊として出撃した。

明石の死を知らせに、永与が悦子の家にやってきた日、庭の桜が散っていた。

「咲いたばかりだったとに、もう散るとですね」

と、永与がつぶやく。

試写会場の外は真昼の日本橋だった。私は、巨大な理不尽に黙って耐えるしかなかった名もなき若者たちの、つましさと慎ましさに、胸が張り裂けそうで耐えきれず、サラリーマンが行きかう大通りを、おいおいと声を放って泣きながら駅まで歩いた。

父は、明石や永与と同じ世代の人だった。祖母はきっと、配給品の小豆や砂糖を節約して、息子におはぎを作ったのだろう。その二人とも、もうこの世にはいない。

おはぎが食べたい……。私がそう思うようになったのは『紙屋悦子の青春』を観てからだ。最近は時々、デパ地下でおはぎを買う。子供の頃は苦手だった「半殺し」のもち米と甘い餡子の組み合わせが、しみじみとうまい。

この世で一番うまいもの

中学二年生の冬だった。ある日の午後、授業中に背中が急にゾクゾクッとした。異様なほど肩が凝って、全身がダルく、地の底に引き込まれるように眠くなった。

家に帰ると、母が、

「あんた、赤い顔して！」

と、私の額に手を当てた。その手が、ヒヤッとして気持ちよかった。

布団にもぐり込んだが、ガタガタと震えが止まらなかった。脇の下に挟んだガラスの体温計を見ると、四十度の目盛り近くで、水銀がキラッと光った。

こんこんと眠りたいのに、

「ウウウー」

と、低くうめく誰かの声に、いちいち目が覚める。

うめいていたのは自分だった……。

すぅーと意識が遠くなると、自分が蝶になって、地面すれすれのところをふらふらふらふらふら飛んでいる。そんな浅い夢を見ては、また、

「ウウー」

といううめき声に、目が覚める。

枕から頭をほんのちょっと持ち上げようとしただけで激痛が走った。頭蓋骨に大きなヒビが入ったのではないかと思うほどだった。

高熱が、二晩続いた。

(私、死ぬのかなぁ……)

涙が目じりを伝って、耳に入った。

「何か、食べる?」

私はかすかに首を横に振った。熱くて苦しい。

寝返りをうつたび、水と氷がチャプチャプ、カラコロ…。

「……みず」

枕元に硝子《がらす》の吸い飲みが置かれていた。寝たまま口に流し込まれたその水は、生ぬるく、苦かった。

二日目の深夜、全身、生ぬるい汗でびっしょりになって目が覚めた。ぐっしょりと濡れたパジャマが、体にぴったり貼り付いていた。オネショしたかと思うほどだった。その晩、下着からパジャマまで丸ごと二度、着替えた。

「これだけ汗をかけば、もう大丈夫」

と、母の声が聞こえた。

それからやっと、うめき声を出さずこんこんと眠れるようになった。私は海底で眠るマナティーのようだった。長時間、沈んだまま微動だにせず、時おり水面にぷかりと浮かんでくるように、かすかに意識を取り戻して寝返りを打ち、また水底に沈んで眠った。

目が覚めたのは、三日目の朝だった。トイレに起きると体が頼りなく、空《くう》を泳ぐようにふわふわした。

「おかゆ作ったんだけど……」

「……少し食べようかな」

自分のかすれた声を、他人の声のように耳で聞いた。

フラつきながらすわると、卓袱台の上の鍋敷きに、つやつや光るころんと丸いものが座っていた。ハンドボール大の茶色い焼き物で、飴《あめ》をかけたように光っている。

見覚えのない土鍋だった。

ころんと丸い厚手の胴から、茶色の短い取っ手が、化け損ねたタヌキの尻尾みたいにぬっと突き出ている。

「……なに、これ？」

「ゆきひらの土鍋よ」

台所の戸棚の奥に、新聞紙にでも包んでしまってあったのだろうか。

「おかゆはね、これで炊くと、おいしいのよ」

そう言いながら母が蓋を開けると、もわーっと湯気が上がった。木のお玉で、タヌキのような土鍋の中から、おかゆをお茶碗に軽く一膳よそってくれる。

その時の音を覚えている。お玉の柄が土鍋の縁に当たるたびに「こつ、こつ」と音がした。

金属と金属が引っかき合う鋭く尖った音と違い、土鍋と木とがぶつかる音は、角が丸くて柔らかだった。

音だけではない。厚手の土鍋で炊いて、木のお玉でよそわれたおかゆは、ふつくらとして優しかった。

朝日の当たる食卓で、おかゆの粒が、みずみずしく光っていた。

私は箸を持つのも三日ぶりだった。まだ体が覚束《おぼつか》なくて、ぎこちない。箸の間から、とろりとおかゆがしたたり落ちる。熱いおかゆを、

「ふーっ、ふーっ」

と吹いて、少し口に入れた。

「…………」

数回咀嚼《そしやく》したところで、唾液がピュッと出た。たちまち味覚が目を覚ました。米粒にまつわる糊化《こか》したでんぷんが、とろりとする。その水分が、驚くほどに甘かった。湯気の温かさと一緒にふわんと香る、米の甘き香り。味と一緒に、滋養がじんじんと細胞に行き渡っていくのがわかった。

「アーッ」

私は耳の下のキュンという痛みに堪えた。

「おかわりちょうだい」

「おー、食べられるようになったか。もう大丈夫だ」

と、言いながら会社に出かけて行く父と、その後ろについて見送りに出ていく母を目の端で追いながら、私は二膳目を食べ始めた。

この世に、これほどうまいものは他にない。こんなに甘いものはない。おかゆの粒が、朝の光が、キラキラ輝いている。高熱で弱り無力になった自分が、再生していくのを感じた。

　茶碗に二膳半を食べて私は布団に戻り、またマナティーになった。目が覚めたのは午後だった。母は買い物に出かけたらしく、家の中は、ひっそりとしていた。パジャマに綿入れを羽織って台所に行き、あのタヌキのような土鍋を覗いた。朝のおかゆが半分残っていた。

　私は冷めたおかゆを、茶碗によそって食べた。それは不思議に、

この十年、風邪をひくたびに、私を癒してくれた愛用の「ゆきひら君」。

冷めてもなお、おいしかった。

ほんの一滴、水が染み渡れば、そこに何十種類もの甘みを感じるほど、舌が澄んでいた。その舌で味わうと、ヒヤッとしたおかゆの甘みに、みずみずしい唾液が泉のように湧きあがってくる。その唾液が、無上に甘かった。

これが命の甘みだと思った。

何膳でも食べられた。ゆきひらの中は、一粒残らず空になった。木のお玉を空っぽの土鍋にぽいと投げ入れた。「こつん」と、丸い音が響いた。

箸を置いて目を上げた。自分が新しくなっていた。真新しい自分の真新しい目で、初めてのように窓の外を見た。生垣のマサキの葉の一枚一枚が、午後の日差しを浴びて玉のように光り、世界が清らかに輝いている。

今のこの気持ちのまま、ずーっと一生、生きていけたら……と、心から思った。

それからたちまち、カレーを食い、スパゲッティーを食い、焼肉を食うようになった。一週間と経たぬうちに健康が当たり前になって、清らかに輝くこの世界は、元の平凡な風景に戻っていた。

だけど、あのゆきひらの土鍋で炊いたおかゆの味だけは忘れられなかった。

ある日、また母に炊いてもらった。

おいしかった。けれど、あの煌《きらめ》くような感動はなかった。舌が違うのだ。高熱にうなされ、全身の汗をすっからかんに出しきり、ふらつく体で三日ぶりに味わった、あの舌の無垢な味覚は褪《あ》せていた。

それからも、病気で寝込むと、あのタヌキの土鍋で母がおかゆを炊いてくれた。おかゆの一粒一粒にまとわりついた糊がとろとろと甘く、木のお玉がこつん、と鳴った。

親元を離れて一人暮らしを始める時、私が真っ先に買った台所用品は、土鍋のゆきひらだった。瀬戸物屋さんにあるものの中から、一番、タヌキらしい色のを選んだ。今でも、風邪をひいた時、疲れた時、落ち込んだ時、私はこれでおかゆを炊く。

単行本あとがき

平成十四年の秋、一本の電話がかかってきました。

「うちの会社のホームページに原稿を連載してください」

その会社は、和菓子のあんこを練る機械などの食品加工機械を作る、株式会社カジワラというメーカーでした。

雑誌や本にエッセイを書いている私にとって、全く畑の違う機械メーカーからの仕事の依頼に最初は戸惑いましたが、社長である梶原秀浩さんの、

「食べ物についての思い入れを自由に書いてください」

という言葉に、書いてみたいと思いました。

グルメでもない健康食でもない、身近な食べ物の思い出です。

私は、何かを食べようとした瞬間、不思議な感覚にとらわれることがしばしばあり

ます。その食べ物の味や匂いに触れた時、昔どこかで感じた楽しさや切なさが、全身からふーっと立ちのぼってくるのです。

そういう肉体の記憶に触れたとき、私は「生きもの」としての自分をいとしく感じます。食べ物を口に入れるとき、きっと人は、その日その時の気分や印象も一緒に食べているのです。

それらは食べ物と一緒に口から入って、体の奥深くに堆積し、ある日、同じ味や似た味に出会うと、しおりの紐を引いて本のページをぱらっと開いたように、鮮やかによみがえってくるのです。

食べるたび、肉体のエネルギー補給だけではなく、私たちは過去を一緒に味わいながら、未来を作っているのだと思います。

株式会社カジワラのホームページに「おいしさ　さ・え・ら」という月一回の連載をスタートさせたのは、平成十四年の十一月。機械メーカーですから、もちろん編集者はいません。企画部の藤森健一郎さんが急遽、担当者になって、見出しつけから編集、アップの作業までしてくれることになりました。

連載の三回目からは、

「森下さん、絵も描きませんか？」

と勧められ、イラストも描くことになりました。文章を書く仕事を始めて二十数年、イラストを描くのは初めてです。

そんな手作りのホームページ連載を、世界文化社の内山美加子さんが見つけ出して読み、本にしたいと言ってくれました。

ホームページに載せたエッセイのうち十四本に加筆し、新たに書いた七本を加えて、ここに「いとしいたべもの」を上梓いたします。

連載の場を与えてくださった株式会社カジワラの梶原秀浩社長、いつも遅れる原稿を急いでアップしてくれる企画部の藤森健一郎さんに心からお礼を申し上げます。

そして、世界文化社の内山美加子さん、一本一本の原稿を可愛がってくださったあなたの励ましに支えられました。本当に本当にありがとうございました。

平成十八年　春

森　下　典　子

おわりに

あれから八年。文章とイラストで食べものへの思いを綴る「おいしさ　さ・え・ら」は現在も連載中で、もうすぐ十三年めに入ります。

私は食べることは大好きなのに料理するのが苦手で、忙しさを言い訳に、料理上手な母親に台所を任せきったまま、五十代も半ばになってしまいました。けれど、母も高齢になり、いつまでも頼っているわけにいかないことは明らかで、いつかその報いを受けるのではないかと不安でなりませんでした。

母が膝を痛めて台所に立てなくなったのは昨年三月のことです。

「あんた、お料理して。私はもうできないから」

母はついに台所の明け渡しを宣言しました。いずれはこの日がやって来るとわかっていたのに、私には何の準備もありませんでした。

一体私に何ができるだろう……。

何も作ったことはないけれど、豊富にあるのは人生経験です。様々な場所で、いろいろな人とおいしいものを食べた記憶です。

母がとろとろに煮てくれた鶏の手羽先やイワシの梅干し煮。昔、祖母が作ってくれたクルミの和えもの、茄子の煮びたし。中国人の友だちが皮の作り方から教えてくれた餃子。上海で食べたピータン豆腐。居酒屋で食べた山芋の磯辺揚げ。沖縄の民宿で食べた豚の角煮……。そんな記憶に残った味を、インターネットのレシピなどを参考に、できそうなものから再現してみることにしました。

嬉しいことに、母は「すごくおいしいよ」と喜んで食べてくれました。そのたった一言で、料理が苦手というコンプレックスは、焼きたてのパンケーキに載せたバターのようにとけて行きました。自分が作ったものを、誰かが喜んで食べてくれると、料理はこんなに楽しくて、足元から生きる自信が湧いてくるのだと言うことを、遅まきながら知りました。作れる料理はまだ少しですが、今は一つ一つ料理の幅を広げているところです。

以前、私は（来世では、お料理のできる人になりたい）と思っていたのですが、何とか今生で間に合いそうな気がします。

そんな人生の転機を迎えた昨今、文春文庫の深尾智美さんが、「いとしいたべもの」を文庫化してくださることになりました。文庫化に当たり、『家庭画報』と「おいしさ　さ・え・ら」から二本の原稿を新たに加えました。この本の味が、読者のみなさんのお口に合えば、著者として、また生きる励みになります。

深尾さん、デザイナーの大久保明子さん、お世話になりました。メロンパンの表紙、とても気にいっています。本当にありがとうございます。

平成二十六年　春

森下典子

掲載したたべものの問合せ先

◆カゴメトマトケチャップ
〇一〇「オムライス世代」
問合せ　カゴメ株式会社〇一二〇(四〇一)八三一

◆サッポロ一番みそラーメン
〇二六「わが人生のサッポロ一番みそラーメン」
問合せ　サンヨー食品株式会社〇二七(二六五)六六三三

◆カステラ
〇三四「カステラに溺れて」
問合せ　株式会社松翁軒〇九五(八二二)〇四一〇

◆ブルドックソース
〇四二「ブルドックソース、ちょうだい!」
問合せ　ブルドックソース株式会社
〇三(三六六八)六八二二

◆本生水羊羹
〇五八「水羊羹のエロス」
問合せ　株式会社たねや〇一二〇(五五九)一六〇

◆ハウスバーモントカレー
〇六六「カレー進化論」
問合せ　ハウス食品株式会社〇一二〇(五〇)一二三一

◆芋ようかん
〇七四「父と舟和の芋ようかん」
問合せ　株式会社舟和本店〇三(三八四二)二七八一

◆栗まろ
〇八〇「今年もやっぱり、秋がきた……。」
問合せ　株式会社鶴屋吉信〇七五(四四一)〇一〇五

◆どん兵衛
〇九八「夜更けのどん兵衛」
問合せ　日清食品ホールディングス〇一二〇(九二三)三〇一

◆江戸むらさき ごはんですよ!
一〇六「漆黒の伝統」
問合せ　株式会社桃屋〇三(三六六八)七八四一

◆鯛焼き
一三八「鯛焼きのおこげ」
問合せ　柳屋〇三(三六六六)九九〇一

◆カリーパン
一四六「カレーパンの余白」
問合せ　株式会社中村屋〇三(三三五二)六一六一

◆シウマイ弁当
一六二「幸せの配分」
問合せ　株式会社崎陽軒〇四五(四四一)八八五一

単行本　二〇〇六年四月　世界文化社刊

五—七頁
『家庭画報』（世界文化社）二〇〇六年掲載のエッセイに加筆修正を行っています。

一六八—一七三頁
食品加工機械メーカーの株式会社カジワラＨＰで連載中のエッセイ「おいしさ　さ・え・ら」より。一部加筆修正を行っています。

七頁、一四七頁の画は本書のための描き下ろしです。

文春文庫

いとしいたべもの

定価はカバーに
表示してあります

2014年5月10日　第1刷

著　者　森《もり》下《した》典《のり》子《こ》
発行者　羽鳥好之
発行所　株式会社　文藝春秋

東京都千代田区紀尾井町 3-23　〒102-8008
TEL　03・3265・1211
文藝春秋ホームページ　http://www.bunshun.co.jp

落丁、乱丁本は、お手数ですが小社製作部宛お送り下さい。送料小社負担でお取替致します。

印刷・大日本印刷　製本・加藤製本

Printed in Japan
ISBN978-4-16-790108-0